EL MUNDO, LA CARNE Y EL DIABLO

¿QUÉ HACEMOS CON EL ASUNTO DEL MAL?

RICHARD ROHR

AUTOR BESTSELLER DEL NEW YORK TIMES

Copyright © 2021 Richard Rohr

EL MUNDO, LA CARNE Y EL DIABLO
¿Qué hacemos con el asunto del mal?
de Richard Rohr. 2021, JUANUNO1 Ediciones.

This translation of *The World, the Flesh and the Devil: What Do We Do With Evil?* first published in 2021 is published by arrangement with The Society for Promoting Christian Knowledge, London, England. / Esta traducción es publicada por acuerdo con The Society for Promoting Christian Knowledge, Londres, Inglaterra.

ALL RIGHTS RESERVED. | TODOS LOS DERECHOS RESERVADOS.
Published in the United States by JUANUNO1 Ediciones,
an imprint of the JuanUno1 Publishing House, LLC.
Publicado en los Estados Unidos por JUANUNO1 Ediciones,
un sello editorial de JuanUno1 Publishing House, LLC.
www.juanuno1.com

JUANUNO1 EDICIONES, logos and its open books colophon, are registered trademarks of JuanUno1 Publishing House, LLC. / JUANUNO1 EDICIONES, los logotipos y las terminaciones de los libros, son marcas registradas de JuanUno1 Publishing House, LLC.

Library of Congress Cataloging-in-Publication Data
Name: Rohr, Richard, author
El mundo, la Carne y el Diablo : ¿Qué hacemos con el asunto del mal? / Richard Rohr.
Published: Miami : JUANUNO1 Ediciones, 2021
Identifiers: LCCN 2021948337
LC record available at https://lccn.loc.gov/2021948337

REL012120 RELIGION / Christian Living / Spiritual Growth
REL012040 RELIGION / Christian Living / Inspirational
REL012070 RELIGION / Christian Living / Personal Growth

Paperback ISBN 978-1-63753-016-0
Ebook ISBN 978-1-63753-017-7

Traducción
Ian Bilucich
Corrección
Tomás Jara
Créditos Portada
Equipo de Media y Redes JuanUno1 Publishing House
Concepto diagramación interior & ebook
Ma. Gabriela Centurión
Crédito foto de Richard Rohr
Nicholas Kramer
Director de Publicaciones
Hernán Dalbes

First Edition | Primera Edición
Miami, FL. USA.
Octubre 2021

CONTENIDO

INTRODUCCIÓN 1

    EL MUNDO, LA CARNE Y EL DIABLO 21

    LA GENIALIDAD ESPIRITUAL DE PABLO 27

    TODOS NOS BENEFICIAMOS Y SOMOS CÓMPLICES DEL MAL . . . 45

    LOS LUGARES OCULTOS DE LA MORTANDAD 51

    UNA SALIDA Y UN PASAJE 75

    LA ESPIRAL DE LA VIOLENCIA 85

    LA CRÍTICA DE JESÚS AL SISTEMA DE PECADO 95

    CÓMO SOBREVIVIR E INCLUSO SALIR ADELANTE 103

    AMOR Y PERDÓN 115

    LA DIALÉCTICA PAULINA 119

    SOSTENIENDO LAS TENSIONES 125

EN RESUMEN 135

NOTAS 139

ACERCA DEL AUTOR 145

INTRODUCCIÓN

Primero debemos caer, y luego reponernos de la caída; y ambas son misericordia de Dios.

Juliana de Norwich

Comienzo con esta cita electrizante de Lady Juliana de Norwich (1342-1416), mi mística favorita, que nos brinda tantos permisos liberadores, posibilidades y desafíos, porque me gustaría que este pensamiento sirviera a modo de corriente subterránea para este libro sobre el concepto pobremente entendido del pecado y el atemorizante concepto del mal. Espero que pronto veas lo que quiero decir.

Empecemos con el pecado. ¿No te molesta aunque sea un poco que en la actualidad la palabra "pecado", que bien podría ser el concepto más frecuente en la Biblia, rara vez se use en muchos círculos? No es que la mayoría de nosotros quiera negar la existencia del mal y los errores (que son más que obvios), sino que, por alguna razón, la palabra "pecado" en sí ahora pareciera haber pasado de moda y ya no ser de utilidad o siquiera esclarecedora en la mayoría de las discusiones. Este término es capaz de enviar cualquier plática por un túnel de comentarios al margen, juicios y aclaraciones que descarrilan la dirección original de la conversación. Lo veo en todos los ámbitos, con muchos progresistas que tienden a odiar la palabra y entre varios conservadores que tienden a abusar de ella sin definirla.

Quizás muchos de nosotros y nosotras

INTRODUCCIÓN

dejamos de usar la palabra porque ubicamos al pecado dentro de nuestras propias pequeñas categorías culturales, con poca conciencia de la verdadera sutileza, profundidad e importancia de la amplitud del concepto. Conforme cada cultura y religión definió al pecado bajo su propia forma idiosincrática, la palabra misma cesó de ser útil. Nosotros, los católicos y católicas, por ejemplo, eventualmente nos dimos cuenta de que comer carne los viernes no tenía nada que ver con el mal de verdad, sino que simplemente era contrario a un protocolo y práctica eclesial que surgió en un momento específico. Sin embargo, comer carne el viernes, junto con no asistir a misa el domingo, han sido llamados, desde el siglo XVI, pecados "mortales" (sobre la base de 1 Jn 5:16-17, que habla de un "pecado de muerte"). ¿En serio? Darse cuenta de esto llevó a desconfiar de muchas cosas que supuestamente "ofendían" a Dios, pero que en gran parte solo ofendieron a la cristiana Miss Manners.[a]

---

[a] Judith Martin, conocida como Miss Manners, es una periodista estadounidense, escritora, y una autoridad en etiqueta, protocolo y comportamiento social.

Por tanto, descubrimos que el pecado y el mal verdadero no siempre son la misma cosa. El mal verdadero *siempre* es mortífero. El pecado está destinado a ser un buen, y a menudo necesario, delimitador, pero no siempre apunta al mal objetivo y por lo tanto no siempre es mortífero o "mortal". Incluso bajo nuestra propia definición católica, la mayor parte del pecado se llamaba "venial", que quiere decir "indultable, excusable o fácilmente perdonable".

Eventualmente, nos dimos cuenta de que no había ningún significado objetivo de la palabra "pecado". En su lugar, simplemente la usamos para designar diferentes tabúes y expectativas culturales, que usualmente tienen que ver con códigos de pureza corporal. Las mujeres laicas que usan túnicas y pañuelos en la cabeza fueron consideradas virtuosas en el islam y oprimidas en la mayoría de los países cristianos. Trabajar en sabbath estaba prohibido para los judíos ortodoxos, pero probablemente es el día más ajetreado de la semana para la mayoría de las familias del oeste. A

INTRODUCCIÓN

algunos católicos les gusta bailar y beber, mientras que muchos bautistas del sur considerarían esto casi obsceno.

¿Estamos apuntando a algo parecido al mal objetivo en tales casos, *o en realidad estamos trivializando la noción muy real del mal, y desviando nuestra atención de lo real*? Recuerda, el Tercer Reich emergió en un país que era formalmente mitad católico y mitad luterano (y parecían tomárselo bastante en serio, si hemos de notar todas las iglesias y escuelas teológicas en Alemania). Entonces, ¿quién tiene la definición "correcta" o "real" de pecado? ¿Quién posee la interpretación "correcta" o útil del mal? Creo que tanto Jesús como Pablo la tienen, y ese será el tema de este libro.

Mi suposición y convicción es que el pecado se volvió una idea menos útil para muchos de nosotros y nosotras porque *necesitábamos movernos por un terreno diferente para recuperar nuestra noción de la naturaleza mortal del verdadero mal*. Nadie puede negar que el mal es bien real, pero en la actualidad lo que muchos de nosotros observamos como los verdaderos males que destruyen al mundo parecen muy diferentes de los que la mayoría de las personas llaman pecado, que en general se refiere a errores o culpas personales, o supone ofensas privadas contra Dios. Estos, en realidad, no describen nada bien la naturaleza horrible del mal. Por consiguiente, perdimos interés en el pecado.

También perdimos el interés porque usualmente oímos el concepto de pecado como una herramienta para juzgar, excluir o controlar a otros, o avergonzarnos y controlarnos, pero rara vez para traer discernimiento o una comprensión más profunda –mucho menos compasión o perdón– a la situación humana. Desde lo que observo, mientras más obsesiva se vuelve una religión o cultura con el pecado, más desamorada y cognitivamente rígida tiende a ser su gente. Piensa en las culturas basadas en la vergüenza de muchos países islámicos homogéneos, las formas tribales y culturalmente acríticas del judaísmo,

INTRODUCCIÓN

el poco sentido del humor de los calvinistas de Ginebra, la crueldad de muchos puritanos de Nueva Inglaterra, la falta de gracia de muchos luteranos, y la mentalidad inquisidora del español y de la mayoría del catolicismo étnico.

Si hemos de ser honestos y perceptivos, de seguro vemos que el mal real a menudo parece "dominar el mismísimo aire" (una frase encontrada en textos paulinos tales como Efesios 2:2) y es *más la norma que la excepción*. De hecho, el mal a menudo es convenido culturalmente, admirado y considerado necesario, como suele suceder cuando un país va a la guerra, gasta la mayoría de su presupuesto en armas, admira los lujos por sobre las necesidades, se entretiene hasta la muerte, o contamina su propia agua y aire comunitarios. *El mal parece ser corporativo, admirado y considerado necesario antes de volverse personal y vergonzoso.* Como escribió Pablo (o la escuela de Pablo) en el texto condensado, tripartito y muy instructivo de Efesios 2:12: "Estaban muertos a causa de los pecados y crímenes que solían conformar su estilo de vida cuando vivían según los principios de este mundo, por tanto, obedeciendo al soberano que domina el mismísimo aire".

Desglosemos esta oración compacta, que parece apuntar a, al menos, tres fuentes del mal: (1) "los crímenes y pecados que solían conformar su estilo de vida" (nuestra participación personal en una cultura ya criminal y pecaminosa); (2) "cuando vivían según los principios de este mundo" (dado que la mayoría de las culturas están basadas en acuerdos falsos o superficiales sobre el valor, la dignidad y el éxito); y (3) estas ilusiones y engaños controlan tan plenamente el campo de la conciencia, que la mayoría no podemos verlos. Nos "dominan", como el mismísimo aire que respiramos, y nunca los cuestionamos. Estas fuentes eventualmente serán conocidas como "la carne, el mundo y el diablo" o las tres fuentes clásicas del mal, que pronto describiré en profundidad.

Cuando algunos empezaron a reconocer (en gran medida en el último siglo) que todas las conversiones religiosas individuales en el

INTRODUCCIÓN

mundo no estaban contribuyendo a un cambio social significativo o a un avance moral, muchos comenzaron a darse cuenta lentamente que el pecado y el mal deben ser más que asuntos personales o privados. Condenar a la gente por faltas individuales no estaba cambiando el mundo. Pablo ya tenía el genio presciente para reconocer esto, y creo que enseñó que *tanto el pecado y la salvación son, primeramente, realidades colectivas y sociales.* De hecho, este reconocimiento podría, y debería, ser una de sus contribuciones principales a la historia. Todavía creo que lo será.

Aun así, en gran manera hemos perdido de vista el punto esencial, y por lo tanto nos encontramos bajo el estrecho control de monstruosos males sociales en las naciones cristianas, hasta la era moderna. Por lo tanto, también terminamos perdiendo el beneficio de una noción corporativa de la salvación que superaba con creces la dignidad o indignidad individual de cualquier persona (lo cual, lamentablemente, se convirtió en toda la agenda cristiana y nos empequeñeció).

Estoy convencido de que todo esto está descrito en las cartas de Pablo, pero con un vocabulario premoderno que ya no es de fácil acceso, como observamos en el pasaje citado de Efesios. Sin embargo, una vez que lo veamos, lo veremos en todos lados (ya sea como algo asumido o enseñado activamente en sus cartas). Es como descifrar su código.

Hablé de la noción social de la salvación en *El Cristo Universal*.[1] Aquí, de modo correlativo, me gustaría hablar sobre la naturaleza social del mal y del pecado.

> *Todos y todas somos culpables del pecado de los demás y no solo del nuestro.*
> *Todos y todas somos buenos por la bondad de los demás, no solo por la nuestra.*
> *Mi vida no solo se trata sobre "mí".*

Si me crees, todo esto comenzará a cobrar un sentido supremo. Solo que ahora necesitamos de

INTRODUCCIÓN

las herramientas sociales, de la psicología y del vocabulario para reconocerlo de una manera más amplia. Nociones como la psicología grupal, el genoma en sí, la teoría de sistemas familiares, los estudios de codependencia, los estilos parentales, la falta de libertad de la adicción (AA), los comportamientos predecibles de los hijos adultos de adictos (Al-Anon), la teoría mimética de Girard, la vasta evidencia de la neurociencia, los efectos generacionales del trauma y la guerra (PTSD), y la naturaleza secreta de nuestra propia sombra personal y de la mayoría de nuestros acuerdos culturales muestran que *el ancho de banda de nuestra libertad personal real es mucho más estrecho de lo que alguna vez pensamos*. Sin embargo, también puede ser expandido significativamente, lo cual podría ser el objetivo principal tanto de la psicología como el de la espiritualidad saludable. De hecho, creo que *este debe ser el resultado de una buena terapia y de una espiritualidad saludable: expandir nuestra libertad para hacer el bien.*

Ya no podemos tratar de entender al individuo escindido de su contexto, cultura, creencia religiosa, familia, temperamento, género, ADN, orden de nacimiento con respecto a sus hermanos, ni de la cultura misma (lo cual lleva a la pregunta de si acaso puede existir algo así como una persona "que se fabrica a sí misma" completamente, o un individuo completamente "auténtico"). A veces parece que todos estamos en una escala siempre cambiante que nos lleva de rebeldes a conformistas y que alguna voz invisible está tomando las decisiones. El "yo" que está actuando ahora mismo nunca es perfectamente obvio, ni siquiera para nosotros mismos. Mi madre todavía "me obliga a hacerlo" y yo bien (1) he sido sanado de toda herida, (2) he aprendido a estar de acuerdo con ella, o (3) estoy en guerra de manera perpetua y autodestructiva contra ella.

Pero he aquí algunas buenas noticias. Si realmente somos objetivamente creados a "imagen y semejanza" (Ge 1:26-27) de un Dios Trinitario, realmente somos, en lo más profundo

INTRODUCCIÓN

de nuestra esencia, *relacionales*, de modo que el yo relacional no tiene por qué ser considerado una disminución, sino más bien un incremento y una libertad.[2] ¡Literalmente estamos juntos en esta cuestión humana! Todos transportamos nuestra parte del peso universal de la gloria y la carga universal del pecado colectivo. La espiritualidad auténtica siempre repite de alguna forma el mantra de inclinarse hasta la tierra propio de la religión Nativa americana, la cual concluye muchas de sus ceremonias con la frase "todas nuestras relaciones", con énfasis en *todas*, incluyendo la Divina. Es menos lo errado o malvado de los ateos que su exclusión a ciertas relaciones de las que a menudo no saben nada. Los agnósticos o sociópatas frecuentemente se encuentran operando desde las "no relaciones": el "infierno son los otros"[3] de Jean-Paul Sartre, y el superhombre hecho por sí mismo (Übermensch)[4] de Nietzsche, que está solo y por sobre lo demás.

Con suprema ironía, la era moderna/posmoderna ahora nos ha hecho al mismo tiempo excesivamente individualistas y casi obsesionados con encontrar nuestro rasgo distintivo, nuestra particularidad, nuestra unicidad. *El Verdadero Yo "escondido con Cristo en Dios" (Col 3:3) es toda la singularidad profunda y única que jamás podemos manejar*, pero este yo profundo y anclado en la Mente infinita de Dios está definitivamente demasiado bien escondido de la gente occidental posmoderna. Todos nuestros excéntricos peinados, ropa, nombres, identidades y piercings corporales nunca crearán el eterno Verdadero Yo, sino que a menudo se vuelven otra conformidad oculta a normas pasajeras que casi siempre están fuera de nosotros.

Esto hace muy difícil volver a reunir las piezas. La baja autoestima e incluso la enfermedad mental de tantas personas hoy me llevan a pensar que el individuo aislado es demasiado frágil para soportar la carga común del pecado y la culpa; y se odia y duda demasiado de sí mismo como para deleitarse en su propia imagen divina (que una vez llamamos alma).

En este libro, me gustaría ofrecerte que

INTRODUCCIÓN

ampliemos un poco nuestro concepto de pecado y maldad, y también de libertad. Una vez que somos libres, lógicamente también debemos estar libres del pecado. Este mensaje ha estado con nosotros todo el tiempo, incluso en la Biblia, pero el pecado fue visto sobre todo como una herramienta para castigar y excluir en lugar de algo para *iluminarnos y educarnos* (en mi opinión, este es el cambio preciso que hizo Jesús en su propia tradición de justicia retributiva).

Una vez se nos dice qué podrían ser en realidad el pecado y la libertad, quizás podamos ver cuándo están conectados con el mal y con la falta de libertad reales, y cuándo no. Luego, espero que podamos ver cuán útil e incluso necesario es el concepto del pecado, y que no solo lo consideremos un modo de avergonzarnos a nosotros mismos, y a otros y otras, o de sentirnos debidamente culpables ante Dios y los demás. Quédate conmigo y podrías estar de acuerdo. *No estoy negando la responsabilidad personal, sino, de hecho, ofreciendo algunas herramientas mediante las cuales podemos ser universalmente responsables y, por lo tanto, también aumentar inmensamente nuestra libertad interna y externa* (en realidad es más fácil ser universalmente responsables que personalmente culpables, y aun así, nos revolcamos en la culpa y la vergüenza personal). Por ahora, quédate con esas nociones.

Sin ninguna noción honesta de pecado, nuestra brújula moral no tiene Polo Norte (tampoco Sur, Este u Oeste). Veremos que este entendimiento mucho más profundo del mal se encuentra en los juicios fundamentalmente sociales de YHWH contra toda la sociedad, en los oráculos de los profetas que casi siempre apuntaban al *mal corporativo* de Israel. ¿Cómo no lo vimos? es el patrón incesante. Esta aproximación es asumida del todo en las palabras y acciones de Jesús, y enseñada aún más explícitamente en las cartas de Pablo.

Creo que la razón principal de que Jesús no vaya por ahí convenciendo a la gente de pecado (excepto a los hipócritas) es que él sabe que la maldad de las personas proviene primero de una *matrix*, una ilusión acordada, una mentira cultural. *Las personas están más embaucadas y son más intelectualmente perezosas que lo que son maliciosas* (Scott Peck dijo algo así hace años en su clásico libro *People of the Lie*).[6] Nuestra lectura individualista de las Escrituras y de nosotros mismos nunca nos permitieron verlo. No podemos encontrar lo no nos contaron o no nos educaron para buscar.

Para Pablo era natural transmitir el mensaje sociohistórico porque él fue formado por una cosmovisión judía que se basaba en un pacto (una relación de amor recíproco, cuidado y lealtad) entre YHWH y el colectivo, "el pueblo de Israel"; nunca realmente con el individuo (Abraham, Noé, Moisés o David). En el pensamiento de Jesús y de Pablo, *el pecado y el mal estaban relacionados en primer lugar con el pueblo como un todo –el consenso cultural– y no tan solo con el comportamiento personal.* Jesús maldice regularmente lo colectivo y casi nunca al individuo: "¡Ay de ti, Corazín! ¡Ay de ti, Betsaida! [...] Capernaum, ¡serás arrojada al infierno!" (Mt 11:21,23). Comúnmente, leemos "ustedes, fariseos", pero rara vez "tú, Jorge".

Tanto Jesús como Pablo les transmitieron a sus discípulos un entendimiento colectivo e histórico de la naturaleza del pecado y del mal, contra los cuales los individuos todavía tenían que resistir pero en los que casi siempre eran totalmente cómplices (tal como hoy). La ciudad, pueblo, o nación eran juzgadas primero, luego el individuo. Para muchas personas, esta ya no es la línea de partida, lo que nos está dejando moralmente impotentes. No les reprochamos a nuestras ciudades, a nuestra religión o a nuestra nación, pero Jesús lo hacía seguido (ver Mt 11:20). Jesús se lamenta por "Jerusalén, Jerusalén" más de una vez (Mt 23:37), pero no encontramos nada sobre Jorge García, del centro de Jerusalén, quien solo es condenado por su cooperación implícita con la costumbre cultural de matar y apedrear a otros y otras. Creo que esto es de extrema importancia para nuestro entendimiento del mal.

INTRODUCCIÓN

Como confesor, sé a ciencia cierta que muchas personas se golpean el pecho por cosas triviales –gastando su propio tiempo, el de Dios y el mío– sin detectar los males reales que probablemente están envenenando sus corazones, mentes y países. A menudo he dicho que escuchar casi todas (¡mas no todas!) las confesiones católicas es como ser apedreado con malvaviscos. Entrenamos a las personas para sentir culpa sobre ciertos "pecados" pero les permitimos ser casi ciegos y evasivos con respecto a los males que nos están matando a todos y a todas. Confesores, ¿alguna vez han oído a alguien condenarse a sí mismo por ensuciar el nido en el que todos vivimos? Yo no. Tampoco escuché ni una vez una confesión concerniente al décimo mandamiento. Habitamos toda una cultura de codicia y consumo de las posesiones de los demás.

EL MUNDO, LA CARNE Y EL DIABLO

La teología católica temprana enseñaba que había tres fuentes principales del mal: el mundo, la carne y el diablo. Mi profesor siempre añadió enfáticamente: "¡En ese orden!". Aun así, hasta ahora, la mayoría de nosotros, cristianos y cristianas, hemos situado casi toda nuestra atención en el segundo nivel, o el de la "carne". Casi no se nos ha enseñado ni hemos podido identificar a qué se refería Pablo con "los principados del mundo", y menos sobre lo que quiso decir con "el soberano que domina el mismísimo aire". El mundo y el diablo permanecieron básicamente impunes durante la mayor parte de la historia cristiana. Las implicancias han sido masivas, cegadoras y enormemente destructivas, tanto para el individuo como para la sociedad, llevando a muchas de las catástrofes del siglo XX que a menudo tomaron lugar en países cristianos.

Mi esperanza es que este reconocimiento de la impresionante percepción de Pablo incremente la responsabilidad personal y la solidaridad humana. Tanto el pecado como el mal son categorías mucho más grandes que el fracaso moral personal; equipararlos es resultado de centrarse casi por completo e incluso exclusivamente en los pecados del nivel de "la carne".[7] El mundo y el diablo han sido ampliamente capaces de evitar ser detectados a lo largo de la mayor parte de la historia cristiana. Para usar la descripción cuaternaria de Ken

Wilber acerca del trabajo de la religión, la mayoría de nosotros nos quedamos en el primer nivel, el de "Limpiar" nuestro comportamiento personal, y nunca llegamos a los estadios más maduros de "Crecer", "Despertar" o "Mostrar".[8]

En general, la religión consideró que su trabajo consistía en vigilar la sexualidad y una variedad de actos "sucios", en lugar de abordar las formas más serias y perniciosas de injusticia y maldad colectiva. ¿Alguna vez te pareció extraño que la participación de una niña o una joven en todos los sacramentos de las primeras etapas (bautismo, primera comunión, a menudo confirmación y matrimonio) *exija* que se vista de blanco? Los chicos, por el otro lado, comenzaban "puros", vistiendo de blanco para su bautismo, pero luego usaban pantalones o trajes oscuros. De modo que ni siquiera el proceso de Limpiar fue aplicado igualitariamente, además de sus connotaciones racistas.

El mal es sutil y, generalmente, los males que nos matan están bien disfrazados (¡que es exactamente la razón por la cual nos *están* matando!). Tomás de Aquino (1225-1274) enseñó que los humanos *suelen hacer el mal al escoger un bien aparente*, es decir, un bien desde la perspectiva del pequeño e inconverso ego. *La mayoría de las personas que hacen el mal se lo han explicado a sí mismas como algo completamente bueno* (es decir, bueno para ellas), sin importar si es objetivamente bueno o si es bueno para la sociedad en su conjunto. La injusticia, por ejemplo, siempre beneficia a *alguien*. Usualmente, se le niega la justicia a ciertas minorías. Todo lo que tiene que hacer un político es darle un buen giro interpretativo y la gente a menudo votará en contra de sus propios intereses legítimos para seguir al demagogo o al grupo. Algunos teóricos han llamado a tales votantes "idiotas útiles".

Esta es exacta y principalmente la razón por la cual el mal adquiere tal relevancia en este mundo. "Las buenas personas" hacen cosas muy malas, por ejemplo, "cuando matan [a Cristo y] piensan que están haciendo un deber santo para Dios"

(Jn 16:2). La única frase que tengo en la pared de mi ermita de mi padre San Francisco de Asís (1182-1226) es esta: "Soportamos con paciencia *no* ser buenos [...] y no ser *tenidos por buenos*".[9] ¡Sí, eso dijo! Está registrada en su biografía más antigua. Por siglos, los franciscanos la consideramos una errata por ser tan contraintuitiva. La necesidad de considerarnos buenos o de que otros piensen que estamos limpios, puros y exentos de reprobación es peligrosa. Nos lleva a convertirnos en hipócritas. Es la voz del ego, que no se preocupa necesariamente por la bondad objetiva, por sí mismo o por otros. Solo quiere *lucir bien* ante la sociedad y su propia autoestima.

Por lo tanto, Jesús recomienda que la oración, la limosna y el ayuno sean "en secreto" (Mt 6:1-18). Nosotros, sin embargo, *queremos* que la mano izquierda de todos sepa exactamente que está haciendo nuestra mano derecha, siempre y cuando sea algo bueno (Mt 6:3). Debemos admitir con humildad que, para la mayoría de nosotros y nosotras, dar una buena imagen es más importante que ser buenos con sencillez y en silencio; pero debemos ir más allá. Ajustarnos al estado de ánimo dominante del grupo se equipara –para muchas personas, tal vez incluso para la mayoría– con ser moral. Recuerda: la opinión pública es otra forma de describir "al mundo", el primer lugar donde el mal se esconde para *aparentar* en lugar de realmente *ser como es*. Los verdaderos santos rara vez son simples conformistas; van a donde el Amor los guíe, incluso cuando desde afuera aparenten no ser amorosos. Jesús mismo es un buen ejemplo.

LA GENIALIDAD ESPIRITUAL DE PABLO

Estas son las únicas ideas genuinas: las de los náufragos. Todo el resto es retórica, gesticulación y farsa.

—José Ortega y Gasset

¿No es irónico e interesante a la vez que Pablo naufragara literalmente tres veces (2 Co 11:25)? ¿Y no es más que atractivo que el primer paso en el viaje hacia la recuperación del programa de los doce pasos sea experimentar la *absoluta impotencia*? Por lo visto, hay algo espiritualmente esencial que no conocemos hasta que tocamos fondo o enfrentamos la injusticia y lo absurdo de la vida de una manera bastante personal. ¡La vida no es justa en absoluto!

Esta es una de las grandes ideas de Pablo. Para él, el pecado no es principalmente una falta personal, sino la matriz negativa de la que emergen tanto el mal como la iluminación ("el mundo"), que luego suelen conducir a la glorificación de "mi" maldad como algo bueno y necesario para la sociedad ("el diablo"). Esto hace que las personas buenas hagan cosas malas y que las personas malas hagan cosas muy malas sin rastro alguno de culpa o vergüenza (en este nivel, la conciencia aún no puede formarse porque el ego todavía está dirigiendo el barco). En general, se necesita algún tipo de "naufragio" para iniciar la formación de una conciencia verdaderamente madura. Antes de eso, solo nos enfocamos en los protocolos religiosos y sociales.

LA GENIALIDAD ESPIRITUAL DE PABLO

Este parece ser el resumen de las enseñanzas de Pablo sobre el pecado y el mal:

- "El mundo" es el mal conveniente, negado y disfrazado.
- "El diablo" es el mal santificado, glorificado y romantizado ("Los ángeles de la oscuridad deben disfrazarse como ángeles de luz" [2 Co 11:14]).
- "La carne" imita ambas ideas (la teoría mimética de René Girard [1923-2015] es de gran ayuda en este punto. Básicamente, él dice que todos somos imitadores, tanto del bien como del mal. Solo necesitamos modelos para ambos y fácilmente imitamos sus comportamientos).[10]

La mayor parte del resto de este libro nos demostrará de qué manera esto es verdad. Debido a su alto grado de sutileza, lo explicaré desde muchos ángulos distintos. Y lo fundamentaré todo sobre esta asombrosa declaración de Pablo: "*Porque fue a la vanidad que la creación fue sujetada. No por una falta propia es incapaz de alcanzar su propósito completo, sino que así fue hecho por Dios"* (Ro 8:20). Dios parece haber creado un universo deliberadamente incompleto e imperfecto para que podamos dedicarnos a hacerlo pleno y santo. El mal es la mosca en la sopa que pone en movimiento todo el drama. Tiene que haber un "villano" contra el que podamos trabajar. Este probablemente sea el resumen de la cosmología universal de Pablo sobre el mal.

El mal es nuestra inhabilidad para ser perfectos, puros e imperecederos, sin embargo, Pablo prosigue esta declaración con una estrategia de salida, arrojándonos un salvavidas: "La creación aún conserva la esperanza de ser liberada de su esclavitud a la corrupción, a fin de disfrutar de la misma libertad y gloria que los hijos e hijas de Dios" (Ro 8:21). La naturaleza, incluyendo la humana, sigue el mismo patrón universal: Vida > Muerte > Vida. El orden debe ser confrontado con desorden para hallar su ser completo (reorden). No existe detenerse en algún orden ideal, tampoco un vuelo sin escalas hacia el reorden. Pablo llamará a esto "el disparate de la cruz" en varios lugares (1 Co 1:18, por ejemplo). A los liberales no les gusta ninguna aseveración del orden. Los conservadores no tolerarán el desorden. Ambos grupos están medio ciegos.

Pablo está enseñando que *el pecado es una palabra para el absurdo básico de la vida en esta tierra,* la situación imposible, el sentido trágico de la vida que todos enfrentamos eventualmente; tal vez, la mejor manera de resumirlo es darnos cuenta de que "nunca podrás ganar" o de que "vanidad de vanidades, todo es vanidad" (Eclesiastés 1:2). De alguna manera, *las faltas son siempre parte del trato.* Todo muere y –peor aún– vemos que nosotros mismos somos gran parte del problema, a pesar de nuestros mejores esfuerzos para evitarlo. Estamos atrapados en un dilema que no podemos resolver ni superar *del todo* (¡Hasta que no lo sabemos, no estamos preparados para la elevación única de Dios!).

Pablo parece pensar que el pecado tiene pase libre para habitar dentro de nosotros y en nuestro mundo: "Los judíos y los griegos [los grupos simbólicos más importantes] están bajo el dominio del pecado (Ro 3:9); "Ambos, judíos y griegos, han pecado y renunciado a la gloria de Dios" (Ro 3:23); "El dominio de la muerte se ha esparcido por toda la raza humana" (Ro 5:12). Pablo cree que el fracaso y la culpa poseen una inevitabilidad de la que nadie puede escapar, a pesar de la religión y la ley ("los judíos") y de la razón y la filosofía ("los griegos").

A continuación, algunas de las perspectivas para aproximarnos al pensamiento de Pablo:

- "A la creación se le ha impuesto frustración, pero por propósitos divinos" (mi traducción de Ro 8:20). El modo de avanzar no es en línea recta, y nunca lo será. Esto no es filosofía occidental del progreso. La evolución y el crecimiento no están en línea recta y nunca lo estuvieron.
- Nuestro enredo en esta "ley del pecado y de la muerte" (Ro 8:2) revela *el absurdo central de la*

situación humana. La naturaleza trágica de toda la vida es que debe incluir la muerte en alguna de sus formas. Pablo, entonces, precede por muchos siglos a los existencialistas modernos y a los cínicos posmodernos. Él fue capaz de incluir efectivamente (y de manera triunfal) el desorden dentro del orden, lo cual pocos, además de Jesús, han hecho. La mayoría insiste en códigos de pureza y de deudas, exclusión o castigo de la falta, en lugar de *usar el desorden e incluir el pecado y la muerte en la misma solución*. Como lo expresa el *Benedictus* (*Canción de Zacarías*), "Te será dado el conocimiento de la salvación a través del perdón de los pecados" (Lc 1:77). *Nota que el orador no dice que tendremos el conocimiento de la salvación a través de la evasión perfecta del pecado, sino precisamente a través del poder transformador del perdón de los pecados,* que él denomina, en la siguiente línea, "las misericordias tiernas de nuestro Dios" (1:78).

- Mientras en todas sus cartas insistía en la persona humana como imagen viva de Dios (ver 1 Co 3:16–17; Ro 5:5), lo que nos da una antropología muy positiva, Pablo escribió: "No es mi verdadero ser el que hace cosas malas, sino el pecado que vive dentro de mí"

(Ro 7:17, 20). *Todos somos un conflicto viviente.* "¿Quién me librará de este cuerpo de muerte?", suspira, finalmente, angustiado (Ro 7:24). No se está refiriendo a su propio cuerpo físico, sino a esta "ley de pecado y muerte" (8:2), la cual parece inevitable y ubicua. Es mucho más un *campo de fuerza negativa universal* que algún tipo de mancha dentro de la gente (que suele transformarse en *"algunas* personas, menos yo"). La única *marca permanente en nosotros* es el Espíritu Santo que nos habita (8:9-11), que él llama "el compromiso, la promesa y la garantía"; sin embargo, hay una mosca en la sopa. Tal garantía –participar en la vida misma de Dios– incluye y trasciende toda carga negativa.

- Pablo escribe: "La naturaleza humana, librada a su suerte, es opuesta a Dios, no se somete a la ley de Dios, y *de hecho no puede hacerlo*" (Ro 8:7) ¡Guau! Hablando de futilidad. Somos "cuerpos de arcilla que cargan un gran tesoro" (2 Co 4:7). Se nos dio un aguijón en la carne para que no nos volvamos demasiado orgullosos, un ángel de Satán para que nos abofetee (2 Co 12:7). Pablo utiliza estas metáforas para explicar la fuente de este pecado en apariencia inherente. "No entiendo mis propias acciones, pues no hago lo que quiero, sino exactamente aquello que odio" (Ro 7:15). Él claramente no era una persona malvada, sin embargo, en un momento de disgusto consigo mismo, escribió: "He sido vendido como esclavo al pecado" (Ro 7:14). Todo el contexto revela, no una especie de culpa o vergüenza personal, sino un enredo social; un dilema compartido, una trampa en una realidad mixta e impura. Incluso los mandamientos morales apenas le recuerdan que "Ni siquiera debería haber sabido lo que significa codiciar si la ley no hubiera dicho: 'No codiciarás'" (Ro 7:7). Quizás esta ironía es la fuente de tanto resentimiento y negación con respecto a los mandamientos morales en la actualidad. Tales mandatos a menudo sirven para profundizar nuestro desamparo y desesperanza, ya que sabemos que no podemos cumplir la mayoría de los serios preceptos de Dios (ama a tus enemigos, da tu dinero a los pobres), sino solo los fáciles, los que pueden ser medidos externamente (ir a la iglesia los domingos).

- El pecado es *la aparente victoria final de la muerte*, que siempre tiene la última palabra en todo (Ro 5:1–27:25). Nada dura para siempre, ni siquiera demasiado tiempo, a pesar de nuestros mejores intentos de "proyectos de inmortalidad" personales, como los llama Ernest Becker.[11] Todo pasa o finalmente nos decepciona, e invariablemente nos muestra su debilidad. Como dijo Eckhart Tolle luego del desastre del 9/11: "Incluso el sol morirá".[12]

- Nota cuán seguido Pablo usa el concepto inusual de "ley del pecado" o "ley del pecado y la muerte", lo cual yo denomino *el sistema del pecado*. No tiene mucho sentido pensar que vivimos afuera o por encima de él. Es un problema sistemático, una red que nos atrapa a todos de diferentes maneras. Pensar que estamos por encima de él se vuelve aquel pecado de hipocresía que Jesús critica tan vehementemente (Mt 23) o quizás incluso "el pecado en contra del Espíritu Santo" (Mt 12:31), del cual dice que no puede ser perdonado (precisamente porque tal ilusión no cree necesitar perdón). La mayoría de nosotros somos básicamente buenas personas (dentro de explicaciones muy estrechas y marcos lastimosos de recompensa/castigo que transmitimos a nuestros hijos e hijas, quienes luego repiten de nuevo todo el proceso de negación y chivo expiatorio). ¿Es esta la trampa universal que Agustín llamó por primera vez "pecado original"? Personalmente, creo que sí. Estamos –todos y todas– juntos en el sistema del pecado, y –todos y todas– se lo transmitimos a alguien mediante las heridas que no podemos ver en nosotros mismos, sino solo en otros, lo que seguramente sea la razón por la que *debemos* amar a nuestros enemigos selectos (porque allí nuestra sombra está tratando de revelarse a nosotros).

- El mal, ante todo, se acepta plenamente como bueno y necesario (una realidad a la que todos estamos ciegos o que negamos). Yo lo llamo *narcisismo grupal,* porque es en la multitud que el mal se esconde de manera más efectiva. Esto es una verdad que atraviesa los siete pecados mortales: el orgullo, la envidia, la avaricia, la lujuria, la pereza, la glotonería y la ira. Piénsalo y verás que cada uno de estos también tiene un lado positivo.[13] *En general, el mal es considerado bueno antes de mostrarse también como malo.* Esto puede ser visto en casi toda revolución violenta de la historia mundial y en casi todos los intentos de reformar lo que sea. Dar vuelta estas rocas y ver el otro lado, donde el mal se ulcera, ahora es llamado "trabajo de sombras" o, para algunos de nosotros y nosotras, trabajo de eneagrama.

- *Pensar que podemos resistir y evitar totalmente todo mal es persistir en él mediante una nueva forma.* Cada acción se encuentra con una reacción igual y opuesta, como las leyes de los estados físicos. De modo que debemos encontrar una respuesta al mal que no sea la mera reacción o resistencia. Irónicamente, esa nueva respuesta primero lucirá como aceptación, pero desarrolla y envuelve mucho más que eso. Esto siempre será sumamente contraintuitivo para la mayoría de los humanos. La mayoría no podemos tolerar lo que claramente parece desorden o "el disparate de la cruz" (1 Co 1:18). Si el nihilista posmoderno cree que "nada significa nada", entonces el Evangelio de Jesús y Pablo está diciendo ¡incluso la nada significa algo! Pero me estoy adelantando.

- Pablo reconoció nuestra inhabilidad para alguna vez llegar a ser totalmente perfectos y estar por sobre todo criticismo, a pesar del cumplir con las leyes y rituales de la religión (Ro 7:1-13; Ga 3:1-29). Él vio a dónde lo había llevado su preocupación por la ley –a él y a sus colegas fariseos (Flp 3:6-7)–: lo volvió moralista e incluso violento. Por lo tanto, sin vergüenza alguna, escribió: "estamos maldecidos por la ley" si nos apoyamos en ella en lugar de en la fe amorosa (Ga 3:10). El nombre en clave que Pablo utiliza para cualquier grupo que confía demasiado en la ley y en los rituales es "los judíos", no como una religión específica, sino como un arquetipo de todas las religiones en sus procesos tribales y de "Limpieza". Él se autodenomina uno de estos, y de los fervientes (Flp 3:5-6), pero reconoce que este mismo fervor lo llevó a una violencia extrema y autojustificada.

- No podemos encontrar validación o liberación, ya sea dentro de la religión o de los límites culturales, cuando son sistemas cerrados y finitos, ¡porque solo funcionan para quienes están de acuerdo con esos mismos sistemas! Esto es lo que lleva a Pablo a *criticar* al judaísmo étnico en el que fue criado. Con todo, también expresa su *gratitud absoluta por ello,* porque el judaísmo lo envió a este conflicto necesario y, en definitiva, al camino correcto (Ro 9-11). Hoy, muchos diríamos lo mismo de las iglesias cristianas (¡pero nota la manera no dual de pensar!).

- Por otro lado, no hay manera de que las personas educadas y pensantes tengan alguna vez una respuesta lógica o satisfactoria al problema del mal y de la muerte, por lo que tienden a volverse cínicos o alguna forma de no creyentes. El nombre en clave para quienes confían en la razón y la educación es "los griegos", o a veces "los filósofos". Pablo preguntó: "¿Dónde están los filósofos ahora? ¿Dónde está hoy alguno de nuestros pensadores? [...] ¿No ha ridiculizado Dios la sabiduría del mundo? Porque los judíos demandan señales y los griegos desean sabiduría, pero nosotros proclamamos a Cristo crucificado, una piedra de tropiezo para los judíos y locura para los gentiles… Puesto que lo insensato de Dios es más sabio que la sabiduría humana" (1 Co 1:20–25). En lugar de abrazar la ley y el conocimiento como salvadores, Pablo da un salto preventivo hacia *la seguridad de la vulnerabilidad Divina, la carencia de poder de la no violencia, y la vergüenza de la identificación con las y los perdedores: lugares donde el ego no puede ocultarse.* Él considera que esta es la médula del Evangelio que vivió Jesús mientras caminó entre nosotros y nosotras. "Cuando soy débil, soy fuerte" (2 Co 12:10) parece ser su consigna. Esto es contrario a las reglas y expectativas de casi toda cultura en el mundo, razón por la cual el Evangelio está emergiendo tan lentamente en la historia.

- En consecuencia, tanto la virtud como el pecado son ambiguos. *Hasta cierto grado real, debemos "sufrir" y "aguantar" ambos con precaución.* En general, la virtud es, de hecho, una elección por el bien parcial (eso casi siempre tiene algún tipo de efecto negativo para uno mismo y/o para otros y otras; ver Ro 7:14–25), como se evidencia en la tentación farisaica de perfección y juicio presente en casi todos los grupos idealistas o religiosos. Casi toda nueva ley gubernamental o política es parcialmente buena para algunos y no tan buena para otros. Pablo también reconoce que el mismo pecado suele ser una elección por el mal, la cual, a pesar de lo trágico y difícil de admitir que sea, ¡también puede tener algunos efectos positivos para uno mismo o para otros! (La crucifixión es nuestro principal y alucinante ejemplo). Tanto el pecado como la virtud están atrapados en esta matriz no dual donde el bien y el mal existen simultáneamente, al igual que la cizaña y el trigo, de las que Jesús nos dice que debemos permitirles "crecer juntos hasta la cosecha" (Mt 13:30).

- Quizás temamos que tal pensamiento nos lleve al relativismo moral, y *de hecho así será con personas obstinadas, ignorantes y oportunistas.*

La debilidad y la genialidad de la "libertad de los hijos e hijas de Dios" (Ga 5:13-25) es que Dios arriesga todo en aras del amor, el cual solo puede emerger en libertad, no bajo deber o coerción. Dios confía en la libertad hasta el punto de permitirnos pecar plenamente. Es bastante obvio, ¿no?

- Sin embargo, en las personas de buena voluntad, el efecto de esta comprensión del pecado y la libertad suele traducirse en una verdadera compasión, una tristeza empática y un don sereno de paciencia y humildad. Su mayor efecto es el amor a Dios y al prójimo, un amor que nunca deja de profundizarse. Los errores mismos se vuelven otra ocasión para experimentar la "generosidad de la misericordia" y la "infinita riqueza de la gracia" (Ef 2:4-10), en lugar de una excusa para odiarnos a nosotros mismos.

- En el modo de pensar de Pablo, los humanos son seres inherentemente inestables que se abalanzan en busca de una legitimación que nunca encuentran del todo. Él cree que la única salida de esta realidad es rendirse a la infinita Fuente de validación, que nos brinda el único terreno confiable (Ro 8:38-39; 1 Co 13:1-13).

Pablo cree que todo lo demás es fingir. Sé que suena a típica respuesta religiosa, pero luego de cuarenta y nueve años de consejería y dirección espiritual, me resulta absolutamente cierto.

- Quizás, la mayor comprensión de Pablo en cuanto a la naturaleza del pecado y del mal es que el mal tiene pase libre porque lo necesitamos demasiado y está perfectamente encubierto (los "espíritus en el aire" de Ef 2:2, o los frecuentemente mencionados poderes, principados, tronos y potestades). No lo podemos identificar del todo por su nombre o en una persona, país, religión o institución, incluso a pesar de que todos tratamos de encontrar villanos concretos o chivos expiatorios para echarles la culpa de nuestros problemas. El egocentrismo radical ("Yo" como punto de referencia) está por todos lados, dado por sentado, tomado por bueno, prácticamente invisible, hasta que es expuesto por su inhabilidad de amar y sufrir por aquellos que amamos.

En resumen, Pablo probablemente diría:

- *El individuo no es tanto un promotor aislado del mal como su víctima.*
- *El objetivo del Evangelio es evitar que las personas se alineen en "sistemas de pecado" y que conserven su libertad.*
- *No te vuelvas una víctima. Encuentra tu libertad transfiriendo tu amor y lealtad hacia otro Centro positivo y no reactivo, ¡que es Cristo!*

Ahora, retomaré algunas de las ideas de Pablo con mayor profundidad para que podamos apreciar y comprender plenamente las formas en que el pecado y la maldad operan en nuestras vidas.

TODOS NOS BENEFICIAMOS Y SOMOS CÓMPLICES DEL MAL

El estancamiento de mi vida de oración [...] se debe al profundo involucramiento en el pecado colectivo de la sociedad y el catolicismo estadounidense; un pecado del que todos nos negamos a ser conscientes. ¿Cómo ofrecer a Dios la oración como acto de justicia cuando estoy viviendo en la injusticia? Una injusticia que penetra el mundo entero y es incluso

> *más grande en el campo de quienes pueden ver que somos explotadores. Ellos están peor.*
>
> —Thomas Merton

Nuestra estrecha noción de pecado como algo primordialmente personal ha dejado tanto a la historia como a la iglesia bastante ingenuas acerca de la verdadera naturaleza del mal y, por lo tanto, altamente sujetas a él, en los niveles más altos y más bajos de la mayoría de las culturas cristianas. En la cita de Efesios 2:1-2, nota que las tres fuentes del mal se nombran en conjunto, casi superpuestas, y que todas son descritas como estados de "mortandad", por lo que pienso que Pablo pretende designar estados de inconsciencia.

Cuando amamos auténticamente, estamos altamente conscientes. Cuando hacemos el mal deliberadamente, tenemos que estar inconscientes. Reiterando, Pablo enseña de principio a fin que estamos inconscientes (muerte) debido a por lo menos tres fuentes: los pecados personales, los consensos de este mundo y el "soberano que domina el mismísimo aire". Como la mortandad procede de al menos tres fuentes, se hace difícil ubicar precisa y apropiadamente la culpa (razón por la cual todos y todas anhelamos señalar un chivo expiatorio: creer que hemos localizado el mal nos quita la ansiedad). La ley no puede identificarlo del todo (observa lo infelices que somos con tantos veredictos legales); tampoco puede hacerlo la consciencia individualizada ni algún tipo de análisis social perfecto (siempre hay otra causa). "El pecado dominó todo", escribió Pablo en Gálatas 3:22.

Para mí, este es exactamente el motivo por el que tanto Jesús como Pablo son tan conscientes del daño y las limitaciones que tiene la ley por sí misma a la hora de resolver el problema humano. "Si juzgas, no tienes excusa, es a ti mismo a quien estás condenando" (Ro 2:1). ¿Por qué Pablo escribió esto? Porque los juicios precipitados son nuestro problema si nos vuelven distantes, aislados o superiores. Quizás podemos empezar con esa claridad dualista, mas no debemos permanecer allí. Eventualmente, nuestras respuestas deben transformarse en compasión y perdón hacia el ofensor. Este es el "poder desde lo alto" para el "perdón de los pecados" (Lc 24:47-49), en lugar del habitual recuento de infracciones. Ahora pasamos a una economía diferente: la de la gracia y la misericordia que nos permiten soltar, confiar y amar en vez de dar a probar de la misma medicina como retribución. Esta es la recompensa del Evangelio.

Como ninguna ley jamás podrá abordar los tres niveles, siempre será imperfecta e insuficiente para la tarea. Entonces, Pablo realmente escribió "maldecido por la ley" en Gálatas 3:10, algo que ciertamente no es lo que esperamos oír de un maestro religioso. Jesús mismo dice, en efecto, y seis veces seguidas, "la ley dice, pero yo les digo", en Mateo 5:21-45. Ambos parecen creer que si bien *la ley es capaz de ponerle nombre al problema, realmente no puede resolverlo de ninguna manera fundamental* (ve y demanda a alguien en la corte, y observa si realmente te hace feliz o cambia en algo la situación). Los siete pecados capitales todavía están en funcionamiento. Es realmente pasmoso que la religión cristiana haya creado tantas personas de "ley y orden", teniendo en cuenta la crítica radical a la ley por parte de las dos mayores fuentes de la enseñanza neotestamentaria.

Sumado a esto, las leyes protegen prioritariamente a los poderosos, rara vez a los indefensos. Nuestro sesgo apuntaba tanto a la cima, que nos tomó mucho tiempo ver esto, quizás hasta el comienzo de la Revolución Francesa de 1789 (incluso si lo hizo de una manera muy violenta). No puedo evitar pensar en la obra de Robert Bolt, *El hombre de los dos reinos*. Su personaje principal, Tomás Moro, canciller de Inglaterra del siglo XVI, se niega a respaldar el deseo del rey Enrique VIII de divorciarse de su primera esposa. En la obra, Moro describe a los cristianos como "escondidos en la espesura de la ley" y "anclados a [sus] principios",[14] a menudo para evitar el verdadero propósito de la ley. Es casi la norma que los que están en el poder usen la ley para respaldar lo que quieren hacer, o eximirse de lo que ya han hecho. La conveniencia y la ambición siempre encontrarán una ley o un versículo para justificar la toma del poder.

LOS LUGARES OCULTOS DE LA MORTANDAD

Ahora describiré brevemente cómo el mundo, la carne y el diablo sirven como escondites para la *mortandad* o la *inconsciencia*, para que seas capaz de observarlos por ti mismo. Parece que el mal debe ser nombrado con bastante precisión para verlo y exorcizarlo (ver Marcos 5:8-9). Tanto Tomás de Aquino en su *Comentario a la primera epístola de*

San Pablo a los corintios, como C.S. Lewis (1898-1963) en *Cartas del diablo a su sobrino* enseñaron que el triunfo sobre el mal depende enteramente del camuflaje. Nuestros egos deben verlo como una forma de bondad y virtud (y beneficio propio) para que podamos aceptarlo. Por lo tanto, ¡cualquier ventaja o desventaja para *mí* nunca es el problema real del que dependen el bien o el mal! Aun así, allí es donde todos comenzamos y la razón por la que *moverse* más allá de uno mismo como punto de referencia es el único cimiento real para cualquier viaje espiritual.

Los reyes y los políticos saben muy bien que prometiéndole a la gente seguridad personal o prosperidad para sí mismas o para el grupo, pueden llevarlas casi a cualquier lugar. El miedo y la seguridad son, obviamente, los niveles más bajos de motivación humana. Estas no son motivaciones malas, pero tampoco son razones para crear sociedades amplias y equitativas. Solo crean tribus guerreras. ¿Cómo conseguimos que la gente ascienda hacia algún tipo de motivación superior, como la libertad para todos y el amor para todos? Esa debería ser la necesidad acuciante de cualquier religión o sociedad digna de llamarse así.

El mundo

Si el mal depende de un buen disfraz, la capa de la virtud cultural y religiosa es el mejor de todos. ¿Recuerdas la conspiración (ver Lucas 23:12) entre el representante del Imperio romano (Pilatos) y el sumo sacerdote judío (Caifás) en el asesinato de Jesús? Mediante esta conspiración, se les advirtió a los cristianos que incluso los niveles más altos de poder (Roma y Jerusalén) pueden y probablemente serán cooptados por el mal (y que la mayoría no lo verá, precisamente debido a esta trampa común de la importancia personal, de nuestra idolatría al poder, y de la exageración de la autoestima), lo que Juan llama "el cuerpo sensual, el ojo lascivo, y el orgullo de la vida" (1 Jn 2:16).

¿Acaso hay alguna cultura en este mundo que no opere desde esta receta para el engaño? No es ninguna sorpresa que los libros de historia sean en gran parte una historia sobre guerras. Esto es lo que Pablo quiere decir cuando nombra al "mundo", o lo que yo llamo "sistema", como una de las fuentes del mal, quizás incluso la matrix. Lo que él ya reconocía, al menos intuitivamente, es que *es casi imposible para cualquier grupo social ser colectiva o coherentemente abnegado*. Tiene que mantenerse y promoverse a sí mismo en primer lugar (si no quieres oír esto, quizás es porque revela la profundidad del disfraz del mal institucionalizado).

Los Padres y Madres del Desierto del siglo IV trataron de escapar de esta mentira; los franciscanos intentaron durante un tiempo ofrecer una sociedad alternativa, y hubo otros que también buscaron contrarrestar los poderes del mundo. Pero solo algunos grupos, como los *amish*, los *bruderhof*, el movimiento trabajador católico, el budismo tibetano, algunos monasterios y algunos otros grupos han tenido éxito en alguna medida. Para hacerlo, siempre necesitaron reforzar el conformismo total y la homogeneidad, lo cual solo funciona para algunos y por poco tiempo. La individuación, la libertad, la madurez humana y la consciencia personal fueron invariablemente disminuidas o perdidas.

Viene a mi mente mi propio maestro de novicios recordándonos a nosotros, frailes jóvenes en 1961 (un tiempo de intenso miedo al comunismo), que nos habíamos unido a una organización comunal y compartida y que ahora éramos, de hecho, "¡comunistas!". Luego de superar nuestra conmoción inicial –nos dejó en silencio por algunos minutos–, dijo: "Pero la nuestra es una pobreza libre y escogida, mientras que el comunismo marxista es una pobreza impuesta y conformista, y eso hace toda la diferencia".

A menos que pensemos que el carácter colectivo y oculto del pecado y el mal es un asunto distante o teórico, debemos preguntar cómo la iglesia católica, en apariencia, sincera, fue capaz de producir, negar y cubrir su crisis de pedofilia durante décadas (¿siglos?), a pesar de dos mil años de enseñanza y formación moral. Más aún, ¿cómo es que el bien ordenado gobierno estadounidense, con sus tres niveles racionales de pesos y contrapesos y su "una persona, un voto", sigue produciendo la amplia disfunción política, inmoralidad fundacional y burdo engaño de las que sufre Estados Unidos en la actualidad? ¿Cómo es que el 40 por ciento de la población estadounidense no ve ningún problema real con este estado de las cosas? Luego de toda nuestra religión, educación superior, reformas y revoluciones, parece que todavía somos bastante capaces de plena complicidad en las gestas de la muerte. Las religiones, los gobiernos y todas las corporaciones y organizaciones son altamente capaces de hacer el mal con una concomitante capacidad para no reconocerlo como tal (porque *nos* beneficia que sean inmorales). El mal encuentra su camuflaje casi perfecto en los acuerdos silenciosos del grupo cuando se presenta como algo personalmente ventajoso.

Tal mortandad continuará mostrándose en toda época, creo. Esto es lo que la palabra polifacética "pecado" todavía está tratando de revelar. Si no vemos la verdadera forma del mal ni reconocemos de qué manera somos cómplices en él, nos controlará completamente, y mientras tanto no lucirá en lo más mínimo como pecado. ¿Sería mejor describirlo como una "ilusión acordada"? No podemos reconocerlo o superarlo como individuos aislados, mayormente porque es sostenido de manera conjunta por el consenso grupal. Necesitamos estar en solidaridad con comunidades alternativas y grupos minoritarios para verlo. El grupo dominante normalmente no puede ver sus mentiras, sea cual fuere el país o contexto. Es el aire que estamos respirando, reafirmado en cada aperitivo en una fiesta de personas con ideas similares a las nuestras. Tenemos que prestar atención a quien sea que esté diciendo "no puedo respirar" para reconocer las tendencias en juego.

El mal está alrededor de nosotros, en los

acuerdos comunes que damos por sentado, como la participación total de Estados Unidos y Canadá en la ruptura "necesaria" de casi todos los tratados que firmamos con los pueblos nativos de América del Norte. No estoy tratando de justificar tales injusticias y deshonestidad, pero temo que siempre será de esta manera. En lugar de ver esta cruda realidad de una manera derrotista o fatalista, podemos reconocerla como empoderadora. Cuando no esperamos una victoria total y perfecta (que de todos modos nadie nunca obtiene), somos mucho más capaces de permanecer comprometidos con los esfuerzos de cambios y mejoras incrementales. Las victorias morales cargadas de rectitud y absolutistas (como la ley de prohibición de Estados Unidos que proscribió el alcohol en la década de los treinta y los intentos de construir muros en Berlín, Israel o en la frontera entre Estados Unidos y México) solo producen resultados temporales y eventualmente desastrosos.

El comienzo de una salida es *ver honestamente*

qué estamos haciendo. ¡El precio que pagaremos es que eventualmente ya no encajaremos en el grupo dominante! La religión madura debe entrenarnos para reconocer los muchos camuflajes del mal o el futuro de todos siempre será dominado por alguna forma de mortandad negada, y no solo por el grupo opresor; el opresor también muere, solo que de maneras mucho más sutiles.

Dios claramente es un Gran Permitidor y rara vez controla el espectáculo en este mundo. Jesús incluso llegó a decir que "Satán es el príncipe de este mundo" (Jn 14:30), pero él ya *está expuesto y por lo tanto condenado* (Jn 16:11), una vez que reconocemos los juegos del mundo. El "reino" del que habla Jesús es como sería el mundo si Dios realmente lo controlara. Siempre está "viniendo" y nunca está aquí del todo, como oramos constantemente en el Padre nuestro. Esta es la razón por la que es necesaria alguna forma de fe o confianza.

La carne

La segunda fuente emerge de la primera y crea víctimas. En general, Pablo usa la palabra "carne" como un término negativo para cualquier cosa que sea exclusivamente humana, individual, pasajera, parcial y por lo tanto mañosa y poco fiable. Esto se muestra en nuestros crímenes y pecados privados. Sin embargo, son los efectos y corolarios (más que las causas) de nuestra forma de vida previamente acordada (mencionada en la cita de Ef 2:1-2), que es totalmente legitimada por "los principios de este mundo". *El pecado personal no es tanto la causa primordial de la malicia como el resultado de una mentira o ilusión más profunda.* El mal personal se comete con bastante libertad porque se deriva y está legitimado por nuestro acuerdo implícito y tácito de que ciertos males son necesarios para el bien común.

Sin embargo, si tenemos que ser honestos, esto nos deja muy conflictuados. La guerra es buena y necesaria, pero el asesinato está mal. El orgullo nacional o corporativo es bueno, pero la vanidad personal es mala. El capitalismo es bueno, pero la glotonería o avaricia personal es mala (o, al menos, solía serlo). Mentir y encubrir está bien si es para proteger al conjunto (la iglesia, el interés estadounidense, los gobiernos), pero los individuos no deberían decir mentiras. Esta es nuestra confusión fundacional y esquizofrenia moral. No podemos poner todo nuestro enfoque en cambiar al mundo al nivel individual, de la "carne". En verdad, los cambios individuales nunca se suman para dar por resultado cambios culturales o sociales significativos, pero allí es donde hemos puesto casi toda nuestra atención hasta ahora, con un éxito muy limitado.

El diablo

Ahora llegamos a la revelación más sofisticada, el tercer nivel. El espiral de la violencia ha ido incrementando y ahora es un tornado categoría cinco. Recuerda, cuando parece que Pablo está hablando del diablo, no se está refiriendo realmente a criaturas aladas o demonios rojos con tridentes. Él usa palabras como "poderes", "principados", "espíritus en el aire", "soberanías", "tronos" y "dominios". Es casi seguro que son sus palabras premodernas para lo que ahora llamaríamos corporaciones, instituciones, estados nacionales y organizaciones que exigen nuestra total lealtad y, por lo tanto, se vuelven, en muchos sentidos, idolátricas (no solo "demasiado grandes para quebrar", sino incluso demasiado grandes para ser criticadas). De repente, la noción medieval de los demonios se volvió muy familiar y difícil de negar. Aun así, tuvimos éxito para negarlo en casi todas las culturas y los siglos, razón por la cual el mal florece por todos lados, especialmente en forma de injusticia.

Si "el mundo" es el mal negado y disfrazado de forma corporativa, y permanece al control, pronto se transforma en "espíritus en el aire" que realizan un daño inmenso pero son invisibles e impunes. "El diablo", por lo tanto, es *esos mismos males corporativos una vez que han sido elevados a ser bienes necesarios santificados, romantizados e idealizados, que son saludados, glorificados y celebrados* en salarios, cuentas de retiro, desfiles, canciones, recompensas ligadas a la lealtad, medallas y monumentos. ¿Quién puede cuestionarlos? ¡Así de disfrazado está el diablo! Todos y todas nos unimos de rodillas. Si rehusamos arrodillarnos al ídolo que corresponde, seremos burlados públicamente por el orden establecido (y, en los Estados Unidos, por el mismo presidente).

Primero, debemos condenar a la religión en su forma organizada; no a sus seguidores, que puede que quizás sean bastante buenos y santos, sino a la propia organización glorificada. Luego, debemos considerar las naciones estados, las economías de guerra, los sistemas penales, la policía, el sistema bancario, el sistema de salud, el sistema farmacéutico, el sistema educativo, etc. Todos estos son buenos y necesarios en sí mismos, pero a menos que estén constantemente sujetos a rendir cuentas públicas y ser transparentes –voy a atreverme a decir lo indecible–, *en general se vuelven demoníacos en algunas de sus formas*, y normalmente no podemos verlo hasta que es muy tarde.

Pablo sabía que estas fuerzas que realmente dirigen el espectáculo estaban *ocultas dentro de acuerdos comunes que toda cultura idealiza para su propia supervivencia*. Pienso que esto también es a lo que se refería cuando escribió (él y su escuela) sobre "los principios elementales de este mundo" (Col 2:8, 20; Ga 4:3, 9) y la "adulación de ángeles" (Col 2:18). Estos son los espíritus oscuros que no pueden ser nombrados, controlados o contenidos apropiadamente porque se nos han vuelto invisibles e incluso lucen como ángeles buenos. Parecen desvanecerse en el aire o estar totalmente difusos, de modo que todos nos sentimos impotentes al tratar de abordarlos, y requerimos asistencia divina (Ro 8:38-39; Ef 1:20-21, 3:10, 6:12; Ga 4:3-5; Col 2:15, 20). ¿A quién responsabilizas por la enorme tasa de delitos de guante blanco? ¿Cómo reprendes un sistema de pensamiento como el nacionalismo, o enfrentas el precio de los medicamentos en EE. UU? ¿Cómo se exponen las fuentes contaminantes del aire tóxico que todos debemos respirar?

Esta es la razón por la que la mayoría nos sentimos impotentes en este tercer nivel. Simplemente no sabemos dónde está localizada la negatividad. Probamos recurrir al sistema judicial para encontrar un remedio, pero la injusticia masiva, el acoso sexual y los prejuicios raciales simplemente adoptan nuevas formas. El demonio todavía está allí afuera. Sus nombres todavía son glotonería, avaricia, orgullo, ira y avaricia, pero estos suenan muy pasados de moda y sentenciosos. Seguramente, esta es la razón por la que casi siempre se describía al diablo como un cambiaformas o un impostor. Tal mal permanece totalmente a cargo y en control, más allá de los límites de cualquier individuo. Sabemos que estamos dentro del poder de tales "espíritus" cuando nos sentimos desahuciados, impotentes, ineptos, enfurecidos y literalmente *des-animados* en una reunión, en nuestras familias o en nuestros trabajos. En ese momento, en efecto, estamos "poseídos" por un demonio.

Debido a que la mayoría de nosotros carecemos de comprensión alguna del pecado (a menudo limitándolo al sexo y al alcohol, y tal vez ya ni siquiera), Satán puede operar fácilmente como "el príncipe de este mundo", como dice Jesús tres veces en el Evangelio de Juan (12:31, 14:30, y 16:11), y como el "soberano que domina el mismísimo aire", como encontramos en Efesios (2:2). Solo en nuestra época tenemos términos para este mal demoníaco que emergió, tales como "el complejo militar-industrial", las infalibles "leyes del mercado", o "el sistema de hombres blancos" (como lo llamó Anne Wilson Schaef).[15] El título del primer libro de Schaef nombra bien nuestro dilema: *When Society Becomes an Addict* [Cuando la sociedad se vuelve adicta].

Si un término tiene un *ismo* al final, en general es una pócima adictiva y altamente expuesta a lo demoníaco. Siempre será *usada por personas que buscan poder sin amor* (comunismo, capitalismo rígido, fascismo, racismo, consumismo, feminismo santurrón, liberalismo cerebral, etc). Prácticamente lo que cualquier sociedad realmente necesita (seguridad, cuidados de salud, cárceles, bancos, educación) está altamente sujeto a consumo demoníaco.

Estos poderes demoníacos, de hecho, sobrevuelan sin ser percibidos, están completamente en control, tal como la sociedad premoderna los consideraba: "ejércitos de ángeles" (¡aunque ángeles malos!). Durante siglos lo llamamos el tirano "que cayó de los cielos" (Is 14:12), Lucifer, que quiere decir *portador de luz*. Este todavía es un nombre común para el diablo. La mayor parte del mal lleva una pequeña luz seductora para unos pocos, como ocurre con los supremacistas blancos que protegen una herencia sureña legítima, o el hecho de que el mercado sí crea puestos de trabajo y progreso, o que las guerras a menudo liberan a algún grupo. Esa es la razón por la que la mayoría no podemos ver el mal demoníaco. "Mantener seguras nuestras fronteras" es una meta digna, pero hasta que alguien no menciona precisamente qué es lo que entraña la frase, queda suspendida en el aire para ser mal utilizada por ambos lados del argumento.

Como nota Pablo, "los ángeles de la oscuridad deben disfrazarse como ángeles de luz" (2 Co 11:14). El mal florece en esos contextos donde cada bando piensa que solo ellos tienen toda la luz, cuando en realidad ambos solo tienen una luz parcial. ¿No hay algo de terreno en común entre mantener fronteras nacionales legítimas y construir un muro? Ahí está de nuevo ese pensamiento dualista, creando falsas alternativas y escogiendo bandos de manera rígida. La mayoría no es capaz de verlo. Por lo tanto, Jesús llama al diablo "el padre de las mentiras" (Jn 8:44).

Es importante enfatizar que tal maldad no se aloja primordialmente en el soldado, el guardia, el banquero, el farmacéutico o el político individual que, en términos de su moralidad privada, podrían ser bastante buenos y virtuosos (y, por lo general, lo son). No obstante, sin saberlo, ellos o ellas también son víctimas. Cada uno de ellos debe reconocer que *son parte de algo que es por sí mismo una bestia cuando se le deja operar según sus propios dispositivos –y que no responde a ninguna norma más allá de su propio interés*, que hoy es en gran parte la motivación lucrativa.

¡No estoy diciendo que estas instituciones no hacen mucho bien también! El mal reside en su demanda de alianza total, nulo criticismo y lealtad incuestionable. ¿Recuerdan el onceavo mandamiento del presidente Ronald Reagan (1911-2004)?: "¿No se debe hablar mal de otro republicano?".[16] Sin decirlo, todos los sistemas sacralizados requieren que cumplamos ciertos edictos como la lealtad absoluta, el patriotismo, la obediencia y los protocolos apropiados.

¿Por qué la enseñanza de Jesús "No juren por nada" (Mt 5:34-35) ha sido tenida tan a menos, a pesar de que aparezca en su primer sermón? Los juramentos de los cuales habla, a menudo están ocultos detrás de frases como "la voluntad de Dios", "la iglesia dice" y en el momento en que juzgamos cualquier falta de conformidad como relacionada con el pecado. "Blasfemia" es una palabra religiosa, "traición" es el término secular para lo mismo. La idolatría fue considerada como el pecado único y fundamental por primera vez en el judaísmo (hacer que algo que no es Dios lo sea y adorarlo sin cuestionamiento alguno). Esto es exactamente lo que prohíbe el primer mandamiento (Ex 20:3; Dt 5:7). La mayoría de la gente que conozco adora varias cosas más que a Dios, incluso cosa buenas, como la familia o la iglesia.

En resumen, creo que Pablo y su escuela enseñan que el pecado se presenta como *engaño, ceguera o cautiverio* social, cultural o histórico, junto con la complicidad personal con tales ilusiones. Tal cautividad es en gran parte lo que ahora entendemos como adicción, negación y preocupaciones que a menudo se vuelven una fascinación, y que los antiguos hubieran llamado "estar poseído por un demonio". La palabra extraña "fascinación" describe bien a los humanos cuando ya no estamos en control, sino que, en cambio, estamos *bajo* control. Cuando no experimentamos ningún desapego de nuestro ser interior salvaje o disfrutamos de calma emocional, estamos realmente *poseídos* por ese pensamiento y esas emociones.

No creo que esto necesite probarse si miramos nuestra sociedad actual, nuestras guerras culturales y los típicos debates políticos. Las multitudes parecen prontas a aplaudir cualquier disparate ilusorio. Están verdaderamente atrapadas dentro de un "demonio" colectivo e incapaces de siquiera reconocer verdades obvias o mentiras flagrantes. Piensa en los partidos políticos estadounidenses que condenan una falta en el otro partido, pero no tienen problema con el propio cuando hace exactamente lo mismo. En realidad no amamos la verdad; amamos ganar.

Ganar se está revelando como el ídolo estadounidense, en casi todos los niveles.

Recuerdo preguntarle a mi profesor de teología, allá a finales de los años sesenta, si teníamos que creer en un diablo literal y personificado. Mirando hacia atrás, su respuesta fue totalmente correcta. Dijo algo así: todas las religiones del mundo no habrían hablado tan gustosamente de espíritus malignos o demonios si no estuvieran señalando hacia algo muy real y universal. Quizás están apuntando a lo que ahora queremos decir por constelación de energía, un "complejo" o un campo de fuerzas de una energía negativa que se siente tangible. Los junguianos insisten en que personificar algo, como lo hacemos con el mal, es otorgarle una identidad y una personalidad. Es decir "¡Tómame en serio!" o "Esto es algo con lo que necesito comprometerme y no simplemente descartar".

Cuando imaginamos una caricatura de una figura roja con cuernos, no nos estamos tomando al mal en serio. Es casi un dibujo animado, pero le otorga visibilidad y una voz al mal. Cualquier imagen de un diablo personifica toda la noción de posesión: un estado en el cual ya no tenemos demasiada libertad para ver, para encontrar nuestro albedrío, o para amar. En efecto hay un diablo en la entrada de la tienda de pornografía, y muchos hindúes y budistas incluso se atreven a retratarlos en las puertas de templos sagrados para advertirles a los visitantes contra los demonios que están trayendo al espacio sagrado (y los que pueden ya estar escondidos allí). El mensaje quedaba en claro en las muchas gárgolas de las catedrales medievales católicas.

Cuando nos encontremos demasiado inmersos dentro de un pensamiento colectivo y embargados por las lágrimas mientras suena el himno nacional (en oposición a "Santo Dios, adoramos tu nombre"), es tiempo de examinar la naturaleza de este tipo de engaño; es lo que algunos llaman "falsa trascendencia" o enredo del ego. En este sentido, los demonios y la posesión demoníaca son, de hecho, bastante comunes. Los antiguos no eran tan ingenuos como alguna vez podríamos haber pensado.

UNA SALIDA Y UN PASAJE

"Para libertad Cristo los ha librado", escribió Pablo en Gálatas 5:1. Aun así, a pocos de nosotros se nos enseñó que la religión es un camino que conduce hacia *una libertad interior más y más profunda* (que, en gran medida, se deja ver como una libertad para amar cada vez más expansiva). En cambio, la mayoría pensamos en la religión como un régimen privado de deber, obligaciones sociales y mandamientos, generalmente sobre el comportamiento externo.

No aprendimos a ver el mal en sus muchas formas hasta que las ciencias modernas de la criminología, la psicología social, el estudio de la historia y las teorías de desarrollo humano nos ayudaron a entender que *las causas de las fechorías humanas tienen múltiples capas, parcialmente negadas y no siempre inmediatamente obvias.* En lo personal, aprendí esto en mis catorce años como capellán de cárcel en Nuevo México. Estaba la historia del malhechor que había leído en el periódico, y luego estaba la persona compleja que pude conocer a solas en la celda. Solo entonces fui capaz de sentir compasión, a veces de comprender y a menudo incluso de perdonar completamente.

Jesús fue absolutamente honesto cuando dijo "Padre, perdónalos, porque no saben lo que están haciendo" (Lc 23:34). La mayoría de las personas viven una vida ampliamente inconsciente. *La mayor parte de las veces el mal es cometido en primera instancia por ceguera e ignorancia más que por malicia.* Tanto los sacerdotes como los políticos nos engañan cuando señalan exclusivamente el nivel más obvio de pecado o maldad, fingiendo que han nombrado y exorcizado correctamente al demonio. Los votantes en EE. UU. que solo se enfocan en un asunto, como el aborto o la economía, a menudo ignoran otros problemas más importantes y relacionados como la pobreza, el racismo, la misoginia, la cultura armamentista, y nuestro bienestar *de facto* para los ricos, que tienen luz verde para prosperar y pasar desapercibidos e incuestionables. Nuestra atención se desvía de los pecados sociales y estructurales que no queremos ver o que los poderes fácticos no quieren que veamos.

No podemos correr la tabla sobre la que estamos parados. En muchos casos, paga nuestras cuentas, nos hace sentir seguros o morales y nos brinda estatus. Es increíble cuán bien funciona esto y cuán pocas personas pueden ver más allá (¿Es esta visión lo que queremos decir con "sabiduría"?).

Piensa en el propio capitalismo, que, en los EE. UU., no permite crítica ni regulación. Jamás lo cuestionamos ni lo regulamos solo porque *no* es comunismo o socialismo. Mientras tanto, los ricos solo siguen haciéndose más ricos y los pobres volviéndose más pobres conforme la inequidad en los ingresos se amplía a una tasa cada vez mayor. ¿Es esto realmente lo mejor que podemos hacer?

En general, los cristianos y las cristianas no son muy diferentes a los demás en este aspecto. No somos más habilidosos en ver la verdadera naturaleza del mal o en reconocer que también estamos sujetos a él, precisamente porque tenemos la ilusión de haberlo detectado y contenido al identificar *pecadores individuales*. Intentamos controlar y condenar al mal en individuos –"míralos"–, pero eso contribuyó a otra ilusión: que nosotros mismos estamos por sobre todo juicio moral e incluso que somos moralmente superiores; nada más cercano al pecado del orgullo. "Soy provida porque voté en contra del candidato proelección", decimos, ignorando los muchos otros modos en que no fomentamos ni afirmamos las vidas de otras personas ni la vida en general.

Solo podemos limitar y contener al mal si lo nombramos completa y correctamente. Muchos católicos "provida" votaron a dos presidentes recientes porque supuestamente eran provida, sin embargo, ninguno tomó un solo riesgo político real para oponerse al aborto. Esto quizás ilustra el modo en el cual tener una visión estrecha y moralista de lo que constituye el bien ("soy provida" o "soy antiguerra") lleva a trágicos puntos ciegos en los que el mal y la muerte todavía pueden florecer. A menudo, las personas simples, los niños, las niñas y los perros pueden "oler" el mal, en cierto modo, mientras que los abogados, doctores y académicos que se creen tan importantes pueden ser totalmente poseídos por él, sacar provecho del mal y considerarlo tanto normal como normativo.

No olvides que nunca podremos destruir al mal a través de un ataque directo y frontal. Invariablemente, ganará al conseguir que juguemos su propio juego. El combate mano a mano nos lleva a realizar los mismos movimientos estratégicos del otro lado: en mente, cuerpo y alma. Sin saberlo, le servimos de espejo a nuestro adversario. Esta es una compresión básica del entrenamiento noviolento, que en sí mismo no comenzó a suceder en la mayoría de las sociedades hasta mediados del siglo XX. Las prácticas no violentas en respuesta a la opresión y al mal nos enseñaron –entre otras cosas– que, en general, quienes avergüenzan a otros son menos capaces de amar que los pecadores a los que avergüenzan.

Los avergonzadores arrojan sus propios miedos y fracasos a los demás y atacan a quienes buscan marginar. Esta práctica normalmente crea enclaves de una superioridad moral limitada y fuerte, a menudo enfocada en asuntos no esenciales. Pero cada lado planta su bandera con firmeza en una de las dos certezas morales en oposición, y la batalla continua ininterrumpidamente, como sucede entre los provida y los proelección, que pelean hace décadas en torno al aborto, sin que ninguna de las partes esté dispuesta a mover un paso. La mayor parte del congreso estadounidense es igual. Estos bandos son un ejemplo de cómo *no* madurar como humanos. El movimiento provida a menudo es solo pronacimiento y el movimiento proelección a menudo es solo espiritualmente perezoso.

Necesitamos sabiduría real e inteligencia espiritual al atacar al mal, o rebotará hacia nosotros. Esto es probablemente lo que Jesús quiso decir cuando les dijo a los discípulos que cierto tipo de demonios solo podían "ser expulsados mediante la oración y el ayuno" (Mc 9:29), que yo interpretaría como la búsqueda tanto de nuestro camino interior como del desapego del yo egoico. Su respuesta (Mc 9:17-27) fue una corrección al exorcismo ritual *transaccional* ("guarda ese crucifijo y busca un exorcista ordenado") que intentaban hacer los discípulos, en lugar de implementar los métodos *transformadores* que siempre siguió Jesús (la verdadera oración para y con la persona y el desapego de nuestra propia agenda). Es la diferencia entre un estudiante nuevo y un gran maestro. Muchos sostenemos que el verdadero seminario comienza luego de que uno termina el seminario y arranca la práctica del ministerio.

Finalmente, como se abordó parcialmente con anterioridad, dado que el mal es colectivo antes que individual, *solo puede ser superado sustancialmente por el bien colectivo*. El individuo solitario está más bien indefenso contra el mal y es bastante inepto en persistir en el bien. La mera conversión de los individuos a Jesús nunca ha contribuido al cambio de una cultura, sociedad o estados nacionales. De hecho, las personas de los EE. UU. que parecen más *incapaces* de criticar la cultura estadounidense son precisamente todas aquellas que han "hecho una decisión personal (esto es, privada) de aceptar a Jesús como su Señor y Salvador", aunque no tienen simpatía alguna por nadie fuera de ese grupo limitado, y además dan poca cuenta de lo que significa esa decisión.

Su bondad es demasiado pequeña, y el yo privado y su "salvación" permanece como el único punto de referencia real.

Nota como la mayoría de los asesinos en masa y terroristas son invariablemente solitarios e individualistas. Creen que han detectado y confinado el mal en un lugar, raza o religión, y se encargan de hacer el trabajo heroico de eliminarlo. Casi nunca son miembros de comunidades, asociaciones de vecinos o familias en un sentido real.

LA ESPIRAL
DE LA VIOLENCIA

Debemos cortar el mal en sus primeras formas ocultas o siempre se apoderará sin oposición del individuo particular o del grupo santificado. Esto es exactamente lo que el obispo brasileño Dom Hélder Câmara (1909-1999) dijo hace muchos años, cuando habló sobre la "espiral de la violencia", donde la violencia institucional provoca una respuesta violenta, que como devolución se encuentra con una represión "necesaria", y luego se repite el mismo patrón, que cada nivel crece más y más en violencia, sin nunca llegar a resolver el problema subyacente (o el mal).[17]

La espiral se alimenta de sí misma. El fanático individual trata de elevarse por encima del "sistema inmundo y podrido", como lo llamó Dorothy Day,[18] ensayando soluciones (por ejemplo, leyes) que suelen atacar a los síntomas. Ese intento puede hacer que el individuo y el Estado se sientan morales, pero en general no toca las causas subyacentes (piensa en acciones como proscribir la prostitución mientras que nunca se abordan sus causas sociales, o construir un muro en la frontera en lugar de preguntarse honestamente por qué las personas cruzan en primer lugar).

Francamente, abordar las causas de raíz toma mucho más trabajo e inteligencia espiritual, cosa que la religión transaccional no enseña a sus miembros. Câmara dijo que muchas curas justicieras eran peores que la enfermedad en sí (por ejemplo, el comunismo como una respuesta a la pobreza, el fascismo como un deseo de orden social, la prohibición como una solución al abuso de alcohol, o nuestra inhabilidad para hacerle frente al asunto de la inmigración en alguna forma inteligente). *Nuestras "curas" nunca abordan la violencia primordial subyacente que la mayoría de las personas ya han acordado no ver.*

Esta incapacidad para reconocer las *causas subyacentes del mal* es la fuente de mucha de la impotencia moral de la mayoría de las naciones, instituciones e individuos cristianos. En general, los conservadores se concentran en el nivel individual del pecado, vergüenza, fallas y culpas, y resisten las referencias de cualquier otra fuente. Culpan a individuos y grupos o se concentran en la fuerza de voluntad individual (o en su carencia). Por lo tanto, tienden a gustar de la religión que también se centra en el comportamiento personal, o lo que ellos llaman la *rectitud* (¡Irónicamente, la palabra suele ser una mala traducción del término bíblico para justicia!). Para ellos, no hay nada como un sermón de fuego y azufre para hacer que los pecadores y las pecadoras se sientan apropiadamente culpables, temerosos, avergonzados, conformistas y obedientes (para controlar a la gentuza, "¡que, sin duda, no soy yo!").

En cuanto a los "liberales" modernos, fueron los primeros en reconocer y atacar el mal en su nivel estructural (esto es, "el mundo") en los años sesenta. Fue un hito importante y tumultuoso en la historia y la consciencia, pero había pocas herramientas sociales o maestros disponibles que pudieran entender completamente lo que estaban diciendo. Atacaron al mundo y a veces al diablo, pero en general pasaron por alto la ignorancia y el egoísmo del individuo. A menudo, estos liberales terminaron luciendo bastante ingenuos e inexpertos; con todo, despertaron los inicios del movimiento por los derechos civiles, el movimiento contra la guerra y la Guerra contra la Pobreza, algo impensado hacía apenas una década atrás. Sin embargo, el progresismo de la actualidad casi que niega las faltas personales, la responsabilidad, el deber, la culpa necesaria o cualquier noción de pecado en absoluto. Esto es contrario a la mayor parte de la historia de la moralidad. Terminan con un pensamiento muy descuidado que los conservadores pueden descartar justificadamente.

La única salida y pasaje –para ambos lados de cualquier dualismo– es algún tipo de *perdón universal*, el pegamento de la gracia que une permanentemente, que sella todos los vacíos que la ley y la religión nunca podrán llenar finalmente o por completo. La palabra que Pablo emplea para referirse al llenado constante de los vacíos de parte de Dios es, por supuesto, *gracia* y, a veces, *misericordia*. Dios aprueba radicalmente la imperfección de cada respuesta y situación humana, y continúa trabajando con ella a largo plazo. Sin embargo, eso solo puede ser visto con una noción evolutiva de la religión, como observamos en el trabajo de Michael Dowd,[19] y con la comprensión no mitológica de la Segunda Venida de Cristo.[20]

La imagen corporativa arquetípica de Pablo

para la humanidad engañada es Adán, que come del "árbol del bien y mal" a pesar de que se le había dicho que sería fatal (Gn 2:17), y la imagen corporativa arquetípica para su resolución es Cristo (Ro 5:12-19), "quien reconcilia todas las cosas en sí mismo, todo lo que está en cielo y todo lo que está en la tierra" (Col 1:20).[21] Debes admitirlo, el simbolismo mítico es magnífico.

En la enseñanza de Pablo sobre lo que él llama "el pecado del sistema" o "la ley del pecado y la muerte" (Ro 8:2), el Evangelio nos ha librado de este sistema ilusorio, a pesar de que individualmente seguimos siendo frágiles y débiles. *Al exponer la trampa y la ilusión, lo ha socavado para siempre, a pesar de que pasarán milenios para que este "misterio" se revele por completo.* En lo que a Pablo concierne, la "ley del pecado", como él la describe, ha sido expuesta definitivamente y la muerte está destruida. Tan solo espera un poco, porque "Dios ha hecho lo que la ley, debido a nuestra inmadurez, es incapaz de hacer" (Ro 8:3). La crucifixión "bajo la ley" (un asesinato legitimado tanto por las autoridades religiosas como por las seculares) siempre demostrará "cuán equivocado estaba el mundo acerca del pecado, acerca de quién era justo, y acerca del juicio apropiado" (Jn 16:8). Esta es una crítica permanente a toda la historia humana. Aquí, Juan también está convencido de que esta verdad solo un día será plenamente evidente. Toda la sección de Juan 14-16 está retratada como una escena de corte judicial gigante, en la cual el Espíritu Santo se presenta como el continuo "abogado defensor" (*para kletos*) que lenta pero indudablemente ganará el caso sobre el pecado y la rectitud. Lee esos capítulos varias veces, hasta que todos sus niveles de significado comiencen a hundirse en ti (si prefieres una metáfora de fútbol, el Espíritu Santo siempre está *interfiriendo* para el alma).

Todos y todas estamos en este viaje juntos, y todos y todas estamos en necesidad de liberación (que podría ser una mejor palabra que salvación) juntos. Nota que Dios no pretende culpa y vergüenza para el individuo (que en realidad desempoderan), sino *solidaridad y responsabilidad universal con el conjunto* (que crea adultos). Como enseñó Pablo, "si una parte se lastima, todas las partes comparten el dolor. Si una parte es honrada, todas las partes comparten la alegría" (1 Co 12:26). Esto es un acto de solidaridad radical que pocos cristianos y cristianas parecen disfrutar.

En Colosenses 1:24, Pablo expresa esto de manera aún más directa: "Me hace feliz sufrir por ustedes […] hacer lo que pueda para compensar todo lo que Cristo todavía tiene que sufrir por el bienestar de su cuerpo". Para empezar a comprender un pasaje como este, necesitamos reconfigurar significativamente nuestras mentes individualistas y occidentales en extremo. Creo que este deseo de "ayudar" a Dios pone a la mayor parte de la religión de cabeza. Irónicamente, lo encontré expresado más plenamente en tres mujeres místicas judías: Simon Weil, Anna Frank y Etty Hillesum. Está presente en muchos místicos católicos, pero aquí invariablemente se ha confundido con la reparación, la expiación y lo que a menudo se ha asemejado a una comprensión masoquista del sufrimiento. Sospecho que solo estábamos replicando nuestra comprensión averiada y transaccional de la propia expiación de Jesús y aún entendíamos la justicia principalmente como una retribución y no como una restauración.

LA CRÍTICA DE JESÚS AL SISTEMA DE PECADO

Como no ataca *directamente* a los sistemas de pecado religiosos e institucionales de su tiempo hasta su acto final en contra de los cambistas en el templo, la principal crítica a la justicia social y accionar de Jesús es una desilusión para la mayoría de los activistas radicales y sociales. El programa social de Jesús, hasta donde puedo ver, es *bastante renuente a participar en casi todas las estructuras externas de poder o sistemas de dominación.* Una vez que hemos dicho esto, lo veremos por todos lados en los cuatro Evangelios. *Su accionar social principal es un estilo de vida muy simple, que le impidió ser cooptado constantemente por aquellas mismas estructuras* a las que llamó "sistema de pecado". Probablemente necesitemos leer esa oración al menos tres veces. Aquí hay algunos ejemplos.

La ciudad de Séforis era la capital regional romana de Galilea y el centro donde se concentraba la mayor parte del dinero, trabajos y poder en la región. También estaba a tan solo nueve millas de la ciudad natal de Jesús de Nazareth. Aun así, no hay registro alguno de que Jesús haya ido allí, ni se menciona en el Nuevo Testamento, a pesar de que él y su padre eran carpinteros –u "obreros"– y de que Jesús viajó por muchas otras ciudades incluso más lejanas. Además, parece haber evitado el sistema monetario tanto como fuera posible

LA CRÍTICA DE JESÚS AL SISTEMA DE PECADO

al usar "una caja en común" (Juan 12:6, 13:29) (¡podría decirse que era "comunismo" voluntario!)

Jesús critica a los doctores de la ley que hicieron que una pobre mujer gastara todo lo que tenía "mientras ella solo empeoraba" (Mc 5:26). Su ministerio de tres años es, en efecto, ofrecer *sanación gratuita y cuidados de salud* para cualquiera que lo deseara (judíos y no judíos, dignos e indignos). Consistentemente, trata a las mujeres con una dignidad e igualdad que es casi desconocida para una cultura enteramente patriarcal. Nunca se casa, lo cual puede ser interpretado como una crítica a la familia idealizada que consta de un padre, una madre y los hijos/as (esto se volvió una de las justificaciones para el celibato de los sacerdotes católicos y para la vocación de una vida soltera). Claramente, respeta a los eunucos, que sería el término común para los géneros alternativos (ver Mt 19:12), probablemente inspirado por el universalismo de Isaías 56:4-5. Luego, al fin de su vida, se rinde a los sistemas punitivos tanto del imperio como de la religión al dejar que lo juzguen, torturen y asesinen. *Finalmente, es una víctima total de los sistemas a los cuales se rehusó adorar. ¿No es esta una explicación mucho más coherente de por qué murió Jesús?*

Podría dar muchos más ejemplos de cómo Jesús ignoró, subvirtió y, por lo tanto, criticó ampliamente la mayoría de los principales sistemas de poder de su tiempo. Walter Wink, con sabiduría, los llamó "sistemas de dominación".[23] Jesús conocía el poder destructivo que solían ejercer sobre los pobres, los indefensos y los marginados de cada cultura. Cuando se enfrenta directamente al sistema del templo (Mc 11:15-18), lo matan en una semana. Al contrario de la interpretación histórica del accionar de Jesús, él no se concentró en lo personal, en los pecados "de la carne" tanto como en los pecados "del mundo" y "del diablo", pero a pocos de nosotros y nosotras se nos enseñó a verlo de esa forma. A los poderes establecidos del mundo les gusta mantener nuestra atención bastante estrecha y limitada, y lejos de sus artimañas.

LA CRÍTICA DE JESÚS AL SISTEMA DE PECADO

De hecho, Jesús siempre *está perdonando a los pecadores individuales*, lo que desde un principio fue un problema para los santurrones (Lc 7:34, por ejemplo). En contraste, no lo veo ni una sola vez "perdonando" los pecados del sistema y de los imperios. En su lugar, simplemente hace que se revelen (Mc 5:8) y digan su nombre (Mc 5:9) (así como Mahatma Gandhi [1869-1948] en India y Martin Luther King, Jr. [1929-1968] en los Estados Unidos). Cuando Jesús le preguntó el nombre al poseso, este dijo que era "Legión", el término utilizado para una gran unidad militar romana. Para los judíos, esa palabra tenía una sola connotación: ocupación militar y opresión romanas. Jesús los trata como un demonio y los envía a los cerdos.

Creo que ahora llamaríamos a toda la aproximación de Jesús "resistencia no violenta" (aunque los pastores de cerdos no estarían de acuerdo, tampoco los cambistas del templo, supongo). Él no pelea directamente contra los sistemas; él simplemente rehúsa apoyarlos o involucrarse con ellos. Sí usa la violencia verbal contra los líderes religiosos, llamándolos "hipócritas" o "tumbas blanqueadas" (Mt 23:25, 27). Parece que la no violencia es más que ser "buenitos". La claridad dual sobre el mal debe preceder a nuestra respuesta no-dual o terminaremos con equivalencias morales falsas, como vimos en los comentarios del presidente estadounidense sobre la marcha de supremacismo blanco en Charlottesville en el 2017.

Resistimos por igual cuando sea que nos rehusamos a comprar productos o servicios de corporaciones injustas, cuando dejamos de usar tanto plástico, cuando nos posicionamos a favor de los inmigrantes o cuando protestamos públicamente en contra de una ley injusta (la teología moral católica enseña que solo tenemos que obedecer leyes *justas*; las injustas, no. Aun así, regularmente oigo a figuras de autoridad católicas gritar: "¡Pero eso está en contra de la ley!". Este es el triste resultado de una pobre catequesis). Tales respuestas no tienen la heroicidad de un ataque de lleno contra el mal, pero piensa en el mal que eliminaríamos –o al menos mitigaríamos– en este mundo si actuásemos con verdadera solidaridad en torno a estas prácticas. Incluso los aparentemente impenetrables "muros de Jericó" podrían caer, como lo experimentó la comunidad afrodescendiente con el movimiento por los derechos civiles en la década del sesenta (aunque volvimos a construir esos muros).

Recuerda: el mal corporativo solo puede ser superado por el bien corporativo, como hizo Martin Luther King Jr. cuando guio a su pueblo a operar de una manera no violenta. Piensa también en las decisiones que han tomado los *amish* y otros grupos similares de no cooperar con el sistema dominante (no pelear guerras, no conducir automóviles, no usar ropa elegante, no cobrar intereses por préstamos, no tener televisores). No estoy diciendo que todos y todas *debamos* hacerlo, pero son evidencias del potencial de la comunidad eclesial. ¿Qué tal si llevamos a cabo algunas veces estas prácticas? Vale la pena considerarlas.

CÓMO SOBREVIVIR
E INCLUSO SALIR ADELANTE

Ver las fuentes de mal en toda su sutileza y ubicuidad condujo a Pablo a un problema y a un dilema angustiantes. Si esta es la naturaleza del pecado y del mal, ¿qué esperanza tenemos cualquiera de nosotros/as? ¿No hay una salida? ¿Hay algo que podamos hacer para mejorar la situación humana? El reconocimiento de este problema alcanza su desenlace en el momento cercano a la desesperación de Pablo, al final de uno de sus dolorosos diálogos internos (Ro 7:14-23): "¡Qué hombre miserable soy! ¿Quién me librará de este sistema de muerte encarnado?" (Ro 7:24, mi traducción). Al parecer, el mal es un campo de energía invisible del cual él nunca puede zafarse. No hay ningún pedestal de pureza desde el cual elevarse por sobre la humanidad para juzgarla (algo que le pareció que la religión podía darle).

No existe ningún terreno elevado extrapecaminoso de moralidad; lo que hay es la siempre *parcialmente exitosa misma lucha* (¡Muéstrame una reforma o revolución totalmente exitosa!). Hasta hoy, los judíos hablan de ello como *tikkun olam*, la reparación del mundo, que eternamente está en necesidad de ser arreglado. Lamento decir que esto es diferente a cambiar el mundo por completo. El Evangelio del crucificado y resucitado no es una filosofía idealista, sino realismo radical judío y bíblico. Es la tarea a la que Dios en Jesús le dice *sí*, haciéndose carne (Jn 1:14) y vaciándose en la realidad humana plena, "incluso hasta la muerte en la cruz" (Flp 2:7-8).

El mensaje del Evangelio es rotundamente realista sobre el mundo, la carne y el diablo, revelándolos a todos, y no tan solo a uno de ellos. Les enseña a los humanos *a sobrevivir e incluso desarrollarse espiritualmente dentro de un absurdo básico*. La mayor parte de las enseñanzas de Jesús y Pablo ofrecen un modo de vivir dentro de todos los sistemas de dominación, basado en la *identificación y solidaridad con los excluidos de estos sistemas y, por consiguiente, creando comunidades paralelas o alternativas*. El Evangelio no es la línea recta de la filosofía del progreso occidental, que pretende negar o rechazar –o cambiar por completo– la situación imposible.

¡Esto no quiere decir que no debemos o deberíamos trabajar por un cambio! En su lugar, Jesús y Pablo nos muestran cómo encontrar libertad dentro de una situación popularmente injusta, y trabajar para que se haga justicia, completamente a sabiendas de que este es un ritmo de variación mucho más lento, pero que también es un proceso que asegura crecimiento espiritual, no violencia y algunos niveles de paz. No se presta a los fanáticos o lo que ahora llamamos ideólogos, que seguramente fue el simbolismo tanto de Simón el Zelote (quien aparentemente pudo crecer) como de Judas (que no pudo hacer el cambio). La Teoría Integral llama a estos fanáticos "verdes malos"; son quienes se han movido más allá de las ideologías violentas del nivel inferior, pero que continúan siendo bastante arrogantes e individualistas, sin tener una experiencia interna de Dios.[24]

Tanto Jesús como Pablo reenmarcan la situación humana de manera radical y nos invitan a vivir *una vida humana vulnerable en solidaridad comunitaria tanto con el pecado como con la salvación.*

- Ninguno podría jamás ser exclusivamente *mío*, ¡pero ambos son colectivamente *nuestros*!
- La lección importante es la solidaridad universal, no la salvación privada.

- Somos responsables de todo en lugar de culpar a uno o al otro.
- *La meta es la solidaridad humana,* y no la superioridad o la perfección.

Sé que esto no parece, al principio, una estrategia para una vida exitosa, y sin dudas nunca atraerá a los trepadores sociales ni a los idealistas puros. Primero, se siente como una claudicación, pero esa no es la intención de Jesús ni de Pablo en absoluto (precisamente, es lo contrario). Pablo cree que ha encontrado un nuevo tipo de victoria y de libertad. Él mismo la llama "disparate" o "necedad" (1 Co 1:21, 25, 27; 4:10), como lo es para la mayoría de la gente hasta el día de hoy. A menudo, la llama "misterio escondido" que solo las personas sabias descubren (la mayor parte de 1 Corintios 1 y 2 es conocida como el *sermo sapientiae* –o "sermón sobre la sabiduría"– de Pablo, en el que describe este modo de conocer alternativo distinto de la mera filosofía o religión).

Pablo cree que existe una forma de la realidad oculta, cruciforme, incluso revelada en la geometría de la cruz (ver Ef 2:13-22). El mundo está lleno de contradicciones, falsas alternativas, juegos de suma cero, paradojas y maldades irresolubles (la mayoría de los animales mueren dolorosísimamente, de un modo u otro; ha habido cuatro o cinco extinciones masivas en el tiempo geológico; hay niñas y niños que mueren de pequeños y personas malas que viven hasta su ancianidad).

Pablo es un profundo realista sobre la vida en este planeta. Debemos reconocer cabalmente y rendirnos a esta realidad fundacional antes de tratar de pensar que podemos reparar el mundo con libertad y amor (*tikkun olam*). La visión de Pablo está simbolizada por la escandalosa imagen de un hombre en la cruz, el Dios Crucificado que acepta y transforma completamente esta trágica situación humana a través del amor. Si esta es la realidad a la cual incluso Dios debe someterse, entonces, seguramente nosotros debemos y podemos hacer lo mismo. *No se trata tanto de entregarnos a una nueva religión, sino de entregarnos a una realidad obvia, algo mucho más difícil.*

Al entregarnos a este absurdo humano primordial, que se autorrevela en la paciencia, el amor y el perdón hacia todas las cosas (Cristo es otro nombre para "todas las cosas"), nosotros y nosotras, de hecho, encontramos un camino positivo y lleno de fe a través del "mundo, la carne y el diablo". No se trata realmente de resolverlo o de pensar que alguna vez podremos cambiarlo, sino de reconocer que todos somos cómplices en este universo de moral mixta. Esta es quizás la humildad apropiada de la que la mayoría de los cristianos han carecido en sus campañas de reforma social. Esto es "cargar la cruz" con Jesús.

A lo largo de esta entrega y confianza primordiales, Dios todavía puede usar nuestra propia forma, ahora cruciforme, para sanar y para un bien inmenso (e incluso para la victoria). Los verdaderos sanadores y sanadoras siempre son quienes tienen heridas, y no quienes han triunfado perfectamente sobre todo mal. Deshagámonos de nuestra iconografía común en torno a Miguel asesinando heroicamente al dragón y redescubramos el retrato medieval menos común (por lo menos en Alemania) ¡de Marta acariciando tranquilamente y domando al dragón! Ni el idealismo, ni el racionalismo, ni la educación, ni la ley no religiosa superarán alguna vez de forma plena la naturaleza inherentemente defectuosa de este mundo. El último día de la historia todavía habrá pecado e injusticia. Sí, debemos trabajar como Marta para limpiar nuestro pequeño lugar en el mundo, pero no podemos poner toda nuestra esperanza en un éxito total, o siempre estaremos decepcionados y por lo tanto enojados. ¿No es esto lo que sucede en Estados Unidos hoy y en la mayoría de las culturas, si no en todas?

Es dentro, y a través, de vivir con esta trágica situación humana que somos hechos como Jesús y, aparentemente, como Dios. Cuando reconocemos que (1) esta es la situación universal y (2) todos sufrimos y aun nos regocijamos dentro de ella, y que al parecer siempre lo haremos, obtenemos una conexión compasiva con todos y todo lo demás. *Piensa al cristianismo como un acto gigante de solidaridad con toda la creación*, mucho más que como un conjunto de reglas o prácticas; considera que tan solo nos ayuda a empezar. Es lo que Jesús quiso decir con las primeras palabras de su sermón en la montaña: "Cuán felices son los pobres en espíritu" (Mt 5:3). Entonces, podemos destilar estas introspecciones del Evangelio en los siguientes puntos centrales:

- Para Pablo -y para Jesús- el Evangelio no es una visión utópica, sino una estrategia transformadora que nos incluye en la renovación del mundo.
- Confundir la perfección Divina con un entendimiento humano de perfección siempre es un juego de ganar o perder que demanda la exclusión de lo imperfecto.
- La perfección Divina es la habilidad de Dios para incluir, perdonar e incluso extraerle un sentido a *toda* imperfección.

- El juego de Dios beneficia a todos –a costa de Dios mismo y de nosotros– y prospera gracias a la inclusión.

- El Evangelio dice que arribamos a la bondad al aceptar y tratar con la imperfección, no al buscar algún atisbo de perfección o superioridad privada (cosa que solo el ego quiere). "Cuando soy débil, soy fuerte", escribió Pablo (2 Co 12:10). Yo lo llamo "la integración de lo negativo", algo que C. G. Jung (1875-1961) siempre pensó que el cristianismo no sabía hacer. Yo creo que en realidad sí sabe, pero se nos dijo solo a unos pocos.

- Los humanos a menudo terminan haciendo el mal al pensar que pueden y deben eliminar todo mal, en lugar de sostenerlo, sufrirlo y aprender de él, como hace Jesús en la cruz. Irónicamente, esto nos da la compasión activa que necesitamos para trabajar por el cambio social. Todavía no estoy seguro de qué manera, pero esta es la necedad de la cruz "a través de la cual el mundo es crucificado para mí, y yo para el mundo" (Ga 6:14). Finalmente, estimo que podría llegar a saber qué significa esta frase enigmática: mi aceptación de un mundo cruciforme refleja mi habilidad de aceptarme cruciforme (*todavía* no estoy seguro de qué viene primero).

- El plan de Dios de ganar perdiendo es el "misterio oculto" (Ef 1:9; Col 1:26-27) y la "sabiduría oculta" de Dios desde el comienzo del mundo (1 Co 2:6-7). Dios se esconde tan bien detrás de la cruz que solo las personas humildes y el honestas le encontrarán.

- Los átomos, las estrellas y los planetas se han estado rindiendo a estas fuerzas asimétricas de resistencia, pérdida y muerte desde el *big bang*, creando así el universo entero (la teoría del caos, la materia oscura y los agujeros negros parecen abarcar el 95 por ciento del universo. Expliquen eso, pensadores racionales).

- Solo los humanos resisten y niegan este patrón universal de pérdida y renovación.

- Este es nuestro pecado real y nuestra entrada al mal. Solo "conoceremos la salvación por el perdón de todos los pecados" (Lc 1:77), tal como Dios lo hace.

AMOR Y PERDÓN

El pecado no es tanto un fracaso moral personal (aunque también lo es), como un grupo de humanos tratando de validarse en un mundo en el que no hay ningún sitio completamente sólido donde pararse y en el que todas nuestras respuestas son imperfectas y parciales (¡yo también lo odio!). Nunca podremos ser totalmente "salvados" en este mundo; en algún nivel, todo lo humano decepciona.

EL MUNDO, LA CARNE Y EL DIABLO

Como han dicho muchos santos, *los pecadores solamente se aferran al Amor en todos los lugares equivocados y de modos que nunca funcionarán*. Mientras más grande me pongo, más obvio me resulta, conforme tuve que admitir las faltas y los defectos de la mayoría de mis héroes y heroínas, los propios, los de toda religión y denominación, y los de cada forma de gobierno. Dios ha creado un mundo en el que no existen técnicas o métodos mágicos para la pureza o la perfección, sino en el que el amor que perdona es la única salida y la única respuesta final: el Amor infinito de Dios y nuestra habilidad de recurrir a él. Solo existe la necesidad, la esperanza y el esfuerzo, y esa es nuestra victoria.

Aquí está la clave para entender esto: ¡*la inclusión y perdón* del pecado, el mal y el desorden es el Orden Divino! La centralidad absoluta del perdón en la enseñanza de Jesús debería hacerlo obvio. El perdón no anula ni elimina la acción ofensiva. Reconoce, nombra radicalmente y expone que el pecado, la maldad y la falta, de hecho, sucedieron, ¡y luego los deja ir! No los revierte ni es capaz de

AMOR Y PERDÓN

hacerlo. No puede. El pecado y el mal sucedieron. Dios no deshace los pecados de los humanos o de la historia, pero, desde una Fuente infinita, los perdona. Cada vez que Dios perdona –setenta veces siete, aparentemente–, está mostrando una preferencia y una capacidad para *mantener la relación sobre ser correcto, distante, superior y estar separado*. Somos aprendices lentos en ese aspecto. El "pacto de amor" unilateral prometido por los profetas es la habilidad absoluta de Dios para *sostener la relación con todo* y finalmente, superar nuestra resistencia por el mismo encanto "que mueve el sol y las otras estrellas",[25] como lo expresaría Dante Alighieri (1265-1321). Todo es una y la misma corriente de Amor.

LA DIALÉCTICA PAULINA

Para llevarnos a experimentar nuestra necesidad absoluta de tal amor y misericordia, Pablo enseña constantemente de una manera muy dialéctica, yuxtaponiendo problemas clásicos que nos arrastran hacia este dilema humano irresoluble. Pablo ofrece los dos elementos usuales de cualquier compuesto y luego salta hacia una composición totalmente nueva. La yuxtaposición le permite extraer ideas esenciales desde dos fuentes sin aceptar ni rechazar totalmente ninguna (es solo su distinción entre carne y espíritu lo que nunca resuelve de forma clara por su diferenciación tan amplia. En otros casos, lo hace notoriamente, pero a menudo en cartas diferentes).

Casi podríamos decir que, en lugar de resolvernos problemas, Pablo nos los crea como una manera de enseñarnos. Lo aprendió de Jesús, quien hace exactamente lo mismo, especialmente en sus parábolas. Si somos honestos, este método no nos deja otra alternativa más que tener fe en un Amor infinito. Como escribió Pablo, "diciendo todo esto, ¿qué podemos agregar? Con Dios de nuestro lado, ¿quién puede estar en nuestra contra? [...] Cuando Dios exonera, ¿alguien puede condenar? [...] Nada puede interponerse entre nosotros y el amor de Dios hecho visible en Cristo Jesús nuestro Señor" (Ro 8:31-39). Sin embargo, a la mayoría de los cristianos y las cristianas nunca se les enseñó a sostener las contradicciones de este aspecto cruciforme de la realidad dentro de un Amor Infinito, de modo que casi siempre nos

LA DIALÉCTICA PAULINA

sentimos obligados a escoger bandos, y endurecer la tensión y la división en lugar de sostenerlas.

Pablo debe haber intuido que necesitaríamos diferenciar y distinguir las cosas para encontrar la plenitud escondida entre ellas (o, como me gusta decir, antes de pasar al nivel no dualista y contemplativo para cualquier tipo de resolución, debemos triunfar en tener un buen pensamiento dualista). Primero, usamos nuestra buena mente para el análisis crítico, y luego pasamos al nivel nodual y contemplativo para responder (la sentiremos mucho más centrada en el corazón y el todo el cuerpo). Para emplear un ejemplo contemporáneo urgente: honra la verdadera feminidad, respeta la verdadera masculinidad, y luego será comparativamente fácil anular la aparente división con las personas LGBTQIA+ (prójimos, prójimas, prójimxs) con verdadera simpatía y entendimiento. La mayoría simplemente se queda en la división: todo análisis y nada de síntesis.

EL MUNDO, LA CARNE Y EL DIABLO

A continuación, menciono los principales polos dialécticos que Pablo presenta y desea resolver, pero que el cristianismo en general no ha hecho. Para ser breve, no analizaré cada uno de ellos, pero te aliento a que realices tus propios estudios paulinos:[26]

- Unidad y diversidad (1 Co 12 sobre el Cuerpo de Cristo).
- "Judíos" y "gentiles" (1 Co 1:23-25 y Ga 2-3).
- Ley y libertad (la mayor parte de Romanos y Gálatas)
- Debilidad y fortaleza (2 Co 12:10-13:10)
- Necedad y sabiduría (1 Co 1:17‑2:16)
- Carne y espíritu (Ga 5:16-26 y Ro 8:1-13, aunque rebuscado)
- Antiguo Pacto y Nuevo Pacto (Ro 9-11)
- Adán y Cristo (Ro 5:12-21)

La unidad espiritual no se trata de negar la diversidad, la distinción o la diferencia, sino de *darle nombre y salvarla por amor* (exactamente como en el "Padre", "Hijo" y "Espíritu Santo", lo que idealmente nos mantiene alejados de la rectitud dualista a lo largo del camino y nos permite ver algún nivel de verdad en el otro lado). La doctrina de la Trinidad preserva tanto la diversidad como la unidad en todo el universo. Será mejor que la humanidad haga lo mismo, o estaremos en problemas. ¡Hasta ahora no nos ha ido muy bien ni con la diversidad ni con la unidad!

Te ofreceré un camino para hacerlo en el siguiente capítulo.

SOSTENIENDO LAS TENSIONES

El filósofo alemán Wilhelm Friedrich Hegel (1770–1831) creó una metodología dialéctica que es bien conocida hoy como tesis-antítesis-síntesis. Este proceso ha sido usado provechosamente en muchos contextos durante siglos como un modo de sostener ideas en conflicto. Mezcla azul con rojo y seguramente obtendrás alguna forma de púrpura. Se ha entendido que tanto Hegel como Jung enseñan sobre el "balance de opuestos", donde la tesis y la antítesis producen la síntesis.

Sin embargo, gracias a Cynthia Bourgeault, que es miembro de la facultad en nuestra *Living School*, fui introducido en un principio metafísico más profundo, que ella (siguiendo al filósofo místico armenio G. I. Gurdjieff [1866-1949]) llama "el pensamiento de la tercera fuerza". El pensamiento de la tercera fuerza no busca balancear, integrar o siquiera resolver la tensión entre opuestos, sino *sostenerla* –como un cable con electricidad– hasta que nos enseñe algo nuevo, más grande y mejor. *¡Y nosotros pagamos el precio por ello, no los demás!* Esto es fundamental y central.[27]

He aquí el énfasis sobre el silencio y el no saber en todas las escuelas de sabiduría contemplativa. Conectamos a tierra ese cable en y a través de nosotros mismos. Lentamente, nos ilumina desde adentro, pero también es peligroso, porque aquellos con renuencia a sostener el cable eléctrico junto a nosotros casi siempre nos considerarán

SOSTENIENDO LAS TENSIONES

heréticos, pecadores o simplemente errados y estúpidos. Como Jesús notó correctamente, "así es como persiguieron a los profetas antes que ustedes" (Mt 5:12).

Déjame ofrecerte mi explicación simple de lo que queremos decir por pensamiento de la tercera fuerza, porque realmente creo que esto es lo que Pablo está tratando de hacer en su brillante y sutil presentación de tantos opuestos dualistas. Este método no busca que elijamos y defendamos alguna posición, que es lo que la mayoría de nosotros hacemos, sino que nos movamos a un nivel más alto, profundo o amplio (cualquiera de ellos aplica) en nuestras respuestas.

Piénsalo de este modo. Primero, todo surgimiento de una idea o era aparentemente nueva es lo que Gurdjieff llama *Santa afirmación*. Él usa la palabra "santa" para describir los tres elementos a fin de que inicialmente no les apliquemos juicios de valor, sino que dejemos que el proceso se desarrolle. Creo que es brillante. Sin embargo, la Santa afirmación no tiene porque ser siempre algo positivo. Puede parecer un tanto incierto, ambiguo, o incluso negativo (por ejemplo, las revoluciones francesa y americana fueron buenas para algunos y desastrosas para otros, la revolución industrial fue una bendición mixta, y así sucesivamente).

A continuación, en segundo lugar, cada nuevo surgimiento suscitará necesaria y eventualmente alguna forma de resistencia que es la *Santa negación*. La revolución francesa por la igualdad fue inmediatamente seguida por el emperador Napoleón. La noble Declaración Americana de Independencia nunca aborda los derechos de sus indígenas, la esclavitud ni los derechos para votar de las mujeres (preparándonos para una eventual resistencia igual de fuerte). La crítica es necesaria para el refinamiento de lo que sea y, por lo tanto, también se la nombra como "santa". Incluso la segunda ley de la termodinámica establece que cada acción suscitará una reacción igual y opuesta. Jesús aborda esto directamente cuando manda a su propia conciencia y cultura tribal que "amen a sus enemigos" (Mt 5:43). *La resistencia es necesaria para avanzar, aunque a ninguno de nosotros nos gusta. La resistencia no es mala en sí misma,* excepto para las personas que la transforman en su misión de vida y se vuelven negativas o llenas de odio. De alguna manera, debemos *amar* todo de la realidad, perdonarla, permitirla, y así hacerla "santa". Mientras más podamos incluir y perdonar, más trascendemos a niveles maduros de la conciencia.

A medida que mantenemos la muy real tensión tanto de la Santa afirmación como de la Santa negación, esto debería invocar, y a menudo lo hace, un nivel más alto de conciencia que es la *Santa reconciliación* (o *Santa neutralización*). Estoy convencido de que este es el significado medular de nuestra palabra "fe" (visualiza a las tres Marías, firmes al pie de la cruz, sosteniendo lo absurdo junto con lo trágico, con esperanza). Pero ten en cuenta que la Santa reconciliación es una *fuerza independiente* y no el producto de las otras dos; no es una síntesis de la tesis y la antítesis. En cambio, es un factor X que los cristianos llamarían "gracia" o "Divina Providencia" y los seculares llamarían "suerte", "sincronización" o "probabilidad". Todas son verdad.

Gurdjieff insistió en que estas tres fuerzas (afirmar, negar y reconciliar) son roles que necesitan desplegarse para cualquier movimiento de avance; no son identidades persistentemente buenas o malas en sí mismas. Los papas católicos más recientes dijeron algunas cosas muy sabias y otras muy poco sabias durante sus pontificados; lo mismo con los reformadores. ¿Por qué declaraciones vas a amarlos o a odiarlos?

El "bueno" y el "malo" bien podrían cambiar de roles en un movimiento de avance a largo plazo. De hecho, eso es lo que debemos permitir ¡que es exactamente lo que nuestros egos controladores odian! Es por eso que debemos abstenernos de juicios iniciales y severos con cada surgimiento. ¡Nunca sabemos con certeza en *qué lugar del proceso estamos!* Este es el mejor argumento para el nojuicio que puedo encontrar. Solo se permiten críticas gentiles y noegoicas ¡como mis amables editores hacen con los elementos confusos de mi estilo de escritura!

Pero este no es el fin. Cada Santa reconciliación pronto se vuelve en una nueva Santa afirmación y el proceso se mueve hacia adelante nuevamente, aunque se tome su tiempo: esperando, necesitando y a la expectativa de una nueva resistencia crítica y de una nueva resolución. Eventualmente, siempre arribamos a un nuevo nivel. Estos son conceptos evolutivos básicos. También es un entrenamiento ya un poco más avanzado de noviolencia.

Creo que necesitaremos el pensamiento de tercera fuerza para absorber un entendimiento maduro del mal y el pecado.

- La Santa afirmación podría consistir en suposiciones sobre la forma en que nuestro sistema opera hoy (el actual *orden* asumido). Por ejemplo, la ingenua creencia de que el privilegio blanco en realidad no existe en Estados Unidos, o de que existe pero no es dañino.

- La Santa negación es nuestra habilidad para ver a través de la homeostasis o *statu quo* (el *desorden* necesario para el cambio), como vimos en la respuesta nacional a la protesta *Unite the Right*, que afirmaba el privilegio de los blancos en Charlottesville, Virginia, en 2017.

- La Santa reconciliación es la habilidad de transformar y hacer uso tanto del orden como del desorden, lo que permite que surja una conciencia nueva (un *reorden* nuevo pero siempre temporal). Podría ser algo como "Oh, Dios mío, el privilegio blanco en Estados Unidos todavía está vivito y coleando, así que necesitamos refinar de inmediato la noción que tenemos de nosotros mismos. Nunca lo habíamos reconocido".

No debemos confundir este pensamiento de la tercera fuerza con una equivalencia simplista o de falsa moral entre dos lados. Decir simplemente "había personas buenas en ambos lados" en realidad es rehusarse a sostener la tensión. *Primero debemos tener éxito en encontrar claridad dualista entre el mal y el bien y luego también esperar y orar por una respuesta no-dual (que en general no complace del todo a ningún lado, sino solamente a personas con una conciencia de tercera fuerza).* Las personas contemplativas y santas casi siempre serán marginadas so pretexto de inútiles (al menos al principio). "Los envío como corderos entre lobos", dice Jesús (Lc 10:3).

EN RESUMEN

En sus escritos sobre el pecado y la maldad, Pablo parece estar declarando:

- La ley es buena, pero es un bien limitado; la fe es mejor.
- La religión es buena, pero cada religión es también un sistema cerrado, imperfectamente establecido y finito; la gracia es mejor.
- El pecado es malo, pero también está definido y

legitimado de manera diferente según el grupo; generalmente, el pecado verdadero está bien escondido y debe ser localizado más allá del individuo aislado.

- La virtud es buena, pero a menudo es narcisismo bien disfrazado; la verdadera virtud es compleja. "Solo Dios es bueno", dice Jesús (Mc 10:18).
- La realidad es esencialmente trágica, pero Jesús está de acuerdo en vivir dentro de esta tragedia, a través de todo el camino hasta la resurrección (orden + desorden = reorden).
- Por lo tanto, este patrón de orden, desorden necesario (excepciones a la regla), y un nuevo orden en un nivel más elevado (reorden) es el plan redentor de Dios. Llámalo resurrección si quieres.

Nadie "gana" por completo, ni *necesita* ganar más, porque, en el gran abrazo de Dios, *todos y todas ganan cuando pueden mantener el rumbo, ¡aunque solo sea por una parte del camino! En la economía de la gracia de Dios, no tenemos que ganar toda la carrera para ganar.* Esta es la única

EN RESUMEN

forma en que Dios gana, y nos lleva a todos en una súper ola de misericordia divina. Este es el Cristo Universal, el Punto Omega que seduce a la historia para que avance a través de un Amor que todo lo perdona.

Oye de nuevo las últimas palabras de la Biblia:

> *"El Espíritu y la Novia dicen 'Ven',*
> *que todos y todas aquellas que escuchan respondan 'Ven',*
> *que todos y todas los que tienen sed 'vengan'.*
> *¡Todas y todos los que lo deseen pueden tener el agua de la vida,*
> *y tenerla gratis!",*
> *—Apocalipsis 22:17*

Al parecer, solo necesitamos tres requisitos para entrar al matrimonio divino: escuchar, tener sed y aceptar un obsequio rotunda y maravillosamente gratuito.

NOTAS

1 Richard Rohr, *El Cristo Universal: cómo una realidad olvidada puede cambiar todo lo que vemos, esperamos y creemos* (Miami: JuanUno1, 2021).

2 Para más sobre este tópico lee Richard Rohr, *The Divine Dance: The Trinity and Your Transformation* (New Kensington, PA: Whitaker House, 2016).

3 Jean-Paul Sartre, *No Exit, in No Exit and Three Other Plays* (New York: Vintage International, 1989), 45.

4 Friedrich Nietzsche, *Así habló Zaratustra* (1883-1891).

5 Richard Rohr, *Immortal Diamond: The Search for Our True Self* (San Francisco: Jossey-Bass, 2013), 93.

6 Scott Peck, *People of the Lie* (New York: Simon & Schuster, 1983), 76-77.

7 Dado que estoy alabando la genialidad de Pablo, también debo señalar su desafortunado uso de la palabra "carne" (*sarx*) en contraposición con la palabra "espíritu" (*pneuma*). Poco sabia él que la historia posterior equipararía casi por completo el uso de la palabra carne con sexo, mientras que su comprensión estaba más cerca de nuestro concepto psicológicamente astuto del ego (ver Romanos 8:5-17 y Gálatas 5:16-26, donde están muy claramente yuxtapuestos).

8 Ken Wilber, *The Religion of Tomorrow: A Vision for the Future of the Great Traditions—More Inclusive, More Comprehensive, More Complete* (Boston: Shambhala, 2017), 78.

9 Thomas of Celano, "Second Life of St. Francis", *St. Francis of Assisi: Omnibus of Sources*, ed. Marion Habig (Cincinnati: Franciscan Media, 2009), 481-482.

NOTAS

10 René Girard, *Deceit, Desire and the Novel: Self and Other in Literary Structure*, trans. Yvonne Freccero (Baltimore: Johns Hopkins University Press, 1966).

11 Ernest Becker, *The Denial of Death* (New York: Free Press, 1973), xiii.

12 *Even the Sun Will Die: An Interview with Eckhart Tolle* (Louisville, CO: Sounds True, 2002), CD.

13 Esto está claramente en los pecados y regalos del eneagrama. Ver Richard Rohr y Andreas Ebert, *The Enneagram: A Christian Perspective* (New York: Crossroad, 2008), 25–28.

14 Robert Bolt, *A Man for All Seasons: A Play in Two Acts* (New York: Vintage, 1990), 67, 69.

15 Anne Wilson Schaef, *Women's Reality: An Emerging Female System in a White Male Society* (New York: HarperCollins, 1992), 8.

16 Atribuido por Reagan a Gaylord Parkinson. Ver H. W. Brands, "The Real Story of Reagan's 11th Commandment," *Politico*, 5 de abril de 2017. https://www.politico.com/magazine/story/2017/04/11th-commandment-gop-republican-reagan-trump-214982.

17 Hélder Câmara, *Spiral of Violence* (London: Sheed and Ward, 1971) *[Espiral de violencia (Sígueme, 1970)]*.

18 Dorothy Day, "Money and the Middle-Class Christian," *National Catholic Reporter*, 18 de febrero de 1970, como es citado en Brian Terrell, "el 'sistema inmundo y podrido' de Dorothy Day probablemente no era suyo en absoluto". National Catholic Reporter, 16 de abril de 2012. https://www.ncronline.org/news/people/dorothy-days-filthy-rotten-system-likely-wasnt-hers-all.

19 Ver Michael Dowd, *Thank God for Evolution: How the Marriage of Science and Religion Will Transform Your Life and Our World* (New York: Viking Penguin, 2008).

20 Rohr, *El Cristo Universal*, 20.

21 *Ibíd.*, 47-48.

22 *Ibíd.*, Capítulo 12.

23 Walter Wink, *Engaging the Powers: Discernment and Resistance in a World of Domination* (Minneapolis: Augsburg Fortress, 1992).

24 Para más sobre este tópico, lee Paul R. Smith, *Integral*

Christianity: The Spirit's Call to Evolve (St. Paul, MN: Paragon House, 2011).

25 Dante Alighieri, *La Divina Comedia, Paradiso*, Canto XXIII.

26 Recursos para tal estudio incluyen a Richard Rohr, *Great Themes of Paul: Life as Participation* (Cincinnati: Franciscan Media, 2012), 11 CDs y Richard Rohr, *St. Paul: The Misunderstood Mystic* (Albuquerque, NM: Center for Action and Contemplation, 2014), CD.

27 Cynthia Bourgeault, The Holy Trinity and the Law of Three: Discovering the Radical Truth at the Heart of Christianity (Boston: Shambhala, 2013).

ACERCA DEL AUTOR

El padre Richard Rohr es un fraile franciscano y maestro ecuménico que da testimonio de la profunda sabiduría del misticismo cristiano y de las tradiciones de acción y contemplación. Es el fundador del *Center*

for Action and Contemplation (CAC) y decano académico de *Living School* en Albuquerque, Nuevo México, donde ha vivido desde 1986.

Durante más de cincuenta años, la experiencia personal del padre Richard del amor infinito y transformador de Dios ha inspirado su trabajo de toda la vida a ayudar a eliminar las barreras que impiden que las personas conozcan el amor que Dios tiene para ellas.

Es autor de numerosos libros, entre ellos *El Cristo Universal*, publicado en español por JuanUno1 Ediciones en 2019, y una segunda edición con nuevo epílogo del autor en 2020.

OTRO LIBRO DEL PADRE RICHARD ROHR

*Edición con traducción revisada,
Prefacio de Brian McLaren
y nuevo Epílogo del autor.*

- BESTSELLER DEL NEW YORK TIMES -
DE UNO DE LOS PENSADORES ESPIRITUALES
MÁS INFLUYENTES DEL MUNDO, UN LIBRO
LARGAMENTE ESPERADO QUE EXPLORA
LO QUE SIGNIFICA QUE JESÚS HAYA
SIDO LLAMADO "CRISTO",
Y COMO ESTA VERDAD OLVIDADA
PUEDE RESTAURAR LA ESPERANZA
Y EL SENTIDO DE NUESTRAS VIDAS.

*Paperback ISBN
978-1-63753-004-7
Ebook ISBN
978-1-63753-005-4*

COPYRIGHT © 2020 BY JUANUNO1 PUBLISHING HOUSE LLC.

En *2021* llega el nuevo libro de *Debbie Blue*

En *Español* e *Inglés* | Formato físico y digital

Otros textos / otra teología

www.ingramcontent.com/pod-product-compliance
Lightning Source LLC
Chambersburg PA
CBHW020535080526
44583CB00013B/872